인빅터스

인빅터스

천하무적,
청춘의 승리를 위하여

이 진 지음

천년의상상

이 책을 집필하면서 많은 청춘을 만났다. 밝고 활기찬 이미지를 상상했지만, 어른보다 깊은 한숨을 내쉬었다. 좁은 취업문을 걱정했고, 취업을 한 이들도 크게 다르지 않았다. 열심히 일해도 집을 살 수 없는 사회, 따뜻한 가정을 꾸리고 싶다는 욕망이 사치가 된 세상에서 노예처럼 일하다 자신의 삶을 마무리하게 될까 시름이 깊었다. 어른들이 가르치는 대로 '노력'했지만, 정작 삶은 크게 달라지지 않았으니 말이다. 공부와 입시, 이후 대기업 입사로 이어지는 외길이 인생의 전부라 생각했던 청춘들에게 '너만의 꿈을 꾸라'는 이야기는 공허한 메아리였다.

나 역시 사회에 첫발을 내딛은 스물두 살 이후 10년 동안은 숱한 좌절과 실패, 비관의 연속이었다. 그럼에도 가진 것 없고, 기댈 데 없는 내가 할 수 있는 것은 '애씀과 노력'밖에 없었다. 지금도 자신의 고민을 털어놓는 후배들에게 '너의 별(꿈)'을 찾고, 그것을 이루려 '노력'하는 것만이 유일한 열쇠라고 말해 주곤 한다.

노력한다 해서 될 세상 아니라는 청춘에게 물었다. "열심히만 한다고 될까요?"

나는 한 가지 덧댔다. "전략적으로 열심히 해야 해요."

이대로는 정말 싫고 다르게 살고 싶다면, 변화를 일으키려면, 그 변화에 필요한 힘을 여러 방식으로 만들어 내야 한다. 내가 말하는 노력은 이런 것이다. 그 힘의 관계를 새롭게 조직해 냈을 때 비로소 내 삶의 변화가 일어난다. 내가 그렇게 하지 않으면 안 되는 장소로 나를 옮겨 놓고, 또 다른 새로운 곳으로 나를 밀어 넣는다면 그것이야말로 나를 바꾸어 나가는 과정이다. 이 시간이 길어지면 된다. 이것은 나와 '약속'하기, 즉 '미래에 대한 명령'을 만들어 내는 일이다. 그렇게 내가 '약속'할 수 있는 이유는 단 하나. 내가 내 운명의 주인(I am the master of my fate)이기 때문이다

청춘이 내게 또 묻는다. "왜 나만의 꿈을 꿔야 하고, 꼭 정복되지 않고 굴하지 않은 영혼 인빅터스가 되어야 하죠? 지금 이대로 살면서 자신만의 행복을 추구하는 것도 괜찮은 삶 아닌가요?"

맞는 말이다. 모두가 인빅터스가 될 필요는 없다. 그러나 세상에 순응하는 대신 세상을 바꾸고 싶은 이들은 인빅터스를 꿈꾸면

좋겠다. 답답한 세상에 익숙해질 수가 없다면, 당당하게 세상 한가운데로 뛰어들어 내가 원하는 방향으로 틀어야 하지 않을까. 세상이 지나치게 가혹하다면 그것마저도 바꿀 수 있어야 하지 않을까.

말처럼 쉬운 일이 아니라고 코웃음을 칠지도 모른다. 알고 있다. 하지만 한 가지는 분명하게 말할 수 있다. 나를 둘러싼 환경이 나에게 호의적이지 않다고 물러나기 시작하면 계속 바깥으로 밀려날 수밖에 없다는 것을.

이 책에 나오는 이야기들은 나의 개인적 경험과 모자라는 지식, 그리고 주관적 판단의 결과물이다. 이 삼박자 속에서 나는 나름대로 오물조물하게 재미있는 인생을 살아왔다. 이 글은 내가 살아온 세상에 대한 '맞짱'이자 사회적 편견에 저항해 온 나의 기록이다. 자유롭게 자신의 인생을 항해하고, 정한 것이 있으면 꾸준히 애쓰길 바란다.

두려움 없이 도전하기를, 나의 친구들이여!

2018년 4월

이진

차례

1

나를 감싸고 있는 밤은
구덩이 속같이 어둡다.
어떤 신에게도 정복되지 않는 영혼을
내게 주심에 나는 감사하리라.

Out of the night that covers me,
Black as a pit from pole to pole,
I thank whatever Gods may be
For my unconquerable soul.

– 윌리엄 어니스트 헨리, 「인빅터스」 중에서

1 인빅터스

나는 내 운명의
주인이다

내가 좋아하거나 싫어하는 것들로 이야기를 시작하고자 한다.

좀 놀라실 수 있겠는데, 나는 고개를 숙여 인사하는 것을 좋아하지 않는다. 젊은 친구들이 나에게 깊이 고개를 숙이는 것, 혹은 내가 그렇게 인사해야 하는 것, 둘 다 해당한다. 고개를 숙여 인사를 나눈다는 것 안에 수직적 관계가 녹아 있는 것만 같다.

어린 시절에 존 F. 케네디 내외가 영국의 엘리자베스 여왕에게 고개를 숙여 인사하지 않았다는 기사를 읽은 적이 있다. 세계 모든 국가 원수들이 영국의 여왕을 만나면 최소한 고개를 숙여 인사하는데, 케네디 대통령 내외는 그러지 않았단다. 이에 대해 케네디가 "미국인은 누구에게도 고개를 숙이지 않는다. 우리는

모두 평등하다"라고 말했다는 기사를 읽으면서 고개를 숙여
인사한다는 것에 대한 부정적 생각이 있었다.

　이제 와 생각해보니 케네디 말이 꼭 맞는 것은 아닌 것
같다. 내가 누구에게나 허리를 굽혀 인사했더라면 그 많은 날에
뻣뻣하다는 소리도 안 듣고, 참 겸손하다는 소리를 들으며 살았을
것 같다.(아! 이 바보☺)

　나에게는 사람 사이에 동등한 관계가 중요하다. 나는 윗사람이든
아랫사람이든 인간 대 인간으로 만나야 좋다. 예의, 예우는 좋지만
지위에 따른 격식을 갖추어야 하는 만남은 좋아하지 않는다. 사람
사이에는 오직 진실과 평등만 있었으면 좋겠다.

　이러한 생각 때문에 힘든 적도 여러 번 있었다. 힘으로 나를
누르려는 사람들에게는 고개를 너무 세게 들어 고생하고, 힘없는
사람들에게는 과한 동정심 때문에 실수를 한다. 강자에게는
강하고, 약자에게는 한없이 약했던 아버지의 유전 때문인 것 같다.

　권위를 부정하는 것은 아니다. 권위는 존중되어야 하고, 사람은
권위가 있어야 한다. 권위는 힘이다. 나는 사람을 변화시키는
지속적인 힘을 가진 이를 권위 있는 사람이라고 생각한다.

　나도 그러한 사람이 되고 싶다. 진중한 사람, 사람들의 삶을 더
좋게 변화시키는 사람. 그래서 많은 이들이 행복하게 살 수 있도록

도움을 주고 싶다. 그런데 어떤 사람들은 권위와 권위주의를 헷갈리곤 한다. 세간의 이목을 끌고 지위가 높으며, 부와 명예가 있는 데다 나이까지 들면 권위주의 병에 걸리기 쉽다. 나는 권위주의 병에 걸린 사람들을 멀리한다. 그들은 개인의 존엄성과 자유를 제압하는 바이러스를 가지고 있기 때문이다.

나는 정장을 입는 것도 좋아하지 않는다. 정장 속에 나를 가두어 놓느라 생각에 집중할 수 없기 때문이다. 아인슈타인의 단벌과 헝클어진 머리는 외모에 신경 쓰지 않고 자신의 일에만 집중하는 사람의 전형인 것 같아 좋아한다. 스티브 잡스, 빌 게이츠, 마크 주커버그의 옷차림을 좋아하고, 나도 그들처럼 입고 싶다고 말했더니 동료가 농담을 던진다.

"직장에서 그들처럼 옷을 입어도 되는 유일한 사람은 사장님들뿐입니다. 캐주얼 복장은 오직 오너, 곧 CEO들에게만 허용된 패션입니다."

'내 맘대로 살고 싶으면 오너가 되어라.' 그러한 뜻이 담긴 농담인 것 같다. 주커버그는 투자자를 모집하러 다닐 때 일부러 파자마에 슬리퍼를 신고 갔다고 한다. 실리콘밸리 사람들은 남성의 너드(nerd) 같은 행동이 사업의 성공과 연결된다고 믿는 듯하다.

그러나 세상의 보편적인 '눈'은 아직도 여성에게 불리하다. 여전히 여성 임원은 정장을 입어야 사업 운영에 유리하다는 통계가

있다. 그렇지만 언젠가는 나도 나의 단출한 옷차림이 아무런
문제가 되지 않는 여성으로 살고 싶다. 뇌 속은 화려하나 외양은
무색인 사람. 외양의 단순함을 통해 내면의 '무한한 세계'로 들어가
화려하게 놀고 싶은 마음이다.

　수직적 관계를 싫어하고, 사람과 사람 사이에 진실과 평등이
있기를 바라며, 단순하면서도 깊이 생각하며 살고 싶은 사람.
여기까지가 간단한 내 소개다.

　싫어하는 것들을 먼저 말해서 혹시 까칠해 보였다면 잠시 '판단
중지'를 요청하고 싶다. 가장 좋아하는 것을 말하기 위해 싫어하는
것을 먼저 말해야 했던 속사정을 이해해 주길 바란다.

　이 책의 제목이자 내가 가장 좋아하는 시를 이 자리에서
함께 나누고 싶다. 열일곱 살의 나이에 골관절 결핵으로 다리
하나를 잃은 윌리엄 어니스트 헨리(William Ernest Henley)가
쓴 시 「인빅터스」다. 이 책의 제목이자 시의 제목이기도 한
'인빅터스'라는 말이 생소하게 들릴 것이다. 먼저 '인빅터스'는
라틴어이다. 'in'(~없는)+'victus'(패배)라는 단어가 만나 '패배가 없는',
'천하무적'이라는 뜻을 가지고 있다. 영어 'invincible'의 유래가 된
단어이기도 하다.

　윌리엄 어니스트 헨리는 그의 시 「인빅터스」를 통해 천하무적의
인빅터스가 되기 위해서는 '내가 내 운명의 주인이자 내 영혼의

선장'이어야 한다는 분명한 메시지를 던지고 있다.

나를 감싸고 있는 밤은

Out of the night that covers me,

구덩이 속같이 어둡다

Black as a pit from pole to pole,

어떤 신에게도 정복되지 않는 영혼을

I thank whatever Gods may be

내게 주심에 나는 감사하리라

For my unconquerable soul.

가혹한 상황의 손아귀에서도

In the fell clutch of circumstance

나는 움츠러들거나 소리 내어 울지 않으리

I have not winced nor cried aloud

운명의 막대기가 날 내려쳐

Under the bludgeonings of chance

내 머리가 피투성이가 되어도 나는 굽히지 않으리

My head is bloody, but unbowed.

분노와 비탄 너머에

Beyond this place of wrath and tears

어둠의 공포만이 거대하고

Looms but the horror of the shade,

절박한 세월이 흘러가지만

And yet the menace of the years

나는 두려움에 떨지 않으리

Finds and shall find me unafraid.

지나가야 할 문이 얼마나 좁은지

It matters not how strait the gate,

얼마나 가혹한 벌이 기다릴지는 문제되지 않는다

How charged with punishments the scroll,

나는 내 운명의 주인이며

I am the Master of my Fate

나는 내 영혼의 선장이다.

I am the Captain of my Soul.

나와 함께 여정을 시작하는 여러분도 이 시가 주는 뜨거운
울림을 함께 느낄 수 있기를 바란다.

2

꿈, 믿음, 계획으로

악순환의 고리를 끊자

　　나는 참여정부 출범부터 2년간 청와대 제1부속실
행정관으로서 노무현 전 대통령의 개인기록비서 일을 했다.
청와대에서 일했다고 말하면 사람들은 크게 호기심을 갖지만,
그 안에서의 일들은 결코 쉽지 않다. 일 자체가 주는 고단함보다
정치권력이 무엇인지, 대통령의 옆에서 일한다는 의미가 무엇인지
그때는 몰랐기 때문에 더 힘들었던 것 같다. 하지만 후회는 없다.
내 인생에서 절대로 빼놓을 수 없는 사람, 노무현이라는 내 인생
최고의 지도자이자 스승을 만나 세상에 대해 많은 것을 배울 수
있었기 때문이다.

　　노무현 전 대통령은 말 그대로 나에게 스승이었다. 2003년 초,

"힘들지 않느냐"라고 묻는 그에게 "대학에 다니는 느낌이다. 너무 많은 것을 배우며 살고 있다"라고 답했다. 나의 인생은 그분을 만나기 이전과 이후로 나뉜다고 해도 과언이 아니다.

그분을 만나기 이전의 나는 날아오르기 위해 버둥거리는 작은 새였다. 이 책 안에서 펼쳐지겠지만, 나는 수없이 날개를 펴고 날아올라 보려고 애를 쓰지만 뜻대로 되지 않아 다시 광야로 툭 떨어지곤 했다. 현실은 보잘 데 없었지만, 야망은 컸다. 노무현 전 대통령을 만나기 전까지의 나는 세상에 대한 열등감에 휩싸여 있었다.

그랬던 내가 노무현 전 대통령을 만난 이후부터는 담대한 사람이 되었다. 지금의 나는 사람이나 권력에 주눅 드는 일이 별로 없다. 나를 숱하게 괴롭히던 가난, 여성이라는 이유로 받게 되는 차별, 이른바 빽 없고, 돈 없는 것에 대한 열등감이 그분의 삶을 배운 후 사라졌다.

살면서 권력을 경험할 일이 없던 나는 노 대통령 옆에서 지내면서 처음으로 권력이 무엇인지 알 수 있었다. 쉽게 고개를 숙이는 법이 없는 정치가, 재벌, 고위 공무원들이 대통령 앞에서는 순한 양이 되었다.

국민들의 선택을 받아 대통령이 된 그는 승자였다. 그의 승리는 우리들의 승리, '가난한 자들의 승리'를 의미했다. 그는 자신을 선택한 사람들의 마음을 모르지 않았다. 그래서 그는 가난하고 힘없고, 무시당하는 사람들을 위해서라면 자기 목숨을 아끼지 않고 전투사처럼 싸웠다.

나는 노무현 전 대통령의 옆에 서서 그 고관대작들이 무엇을 두려워하는지를 보았다. 권력이 얼마나 무서운 것인지 알았고, 무서운 것이기 때문에 신중하게 사용해야 한다는 것도 알 수 있었다. 사람 위에 사람 없고 사람 밑에 사람 없다는 것을 보여주기 위해 과감히 나섰던 노무현 전 대통령의 일상, 그의 배짱, 결단력, 그의 두려움 없는 기상을 보았다. 나는 그것이 진정한 힘이라고 생각한다.

진정한 힘의 반대는 비루함이다. 진정한 힘의 실체를 보았다면, 비루함에 대해서도 정의할 필요가 있을 것 같다.

비루해진다는 것은 무엇일까? 비루함은 빽 없고, 돈 없고, 학벌이 없어서 생기는 것이 아니다. 세상과 내 삶을 바꾸겠다는 담대함과 배짱, 깡다구가 없으면 우리는 진짜 비루해진다. 영혼이 자신의 손을 떠나 외부의 환경에 지배당하기 때문이다. 외부에 지배당하면 삶의 주인이 아니라 결국 삶의 노예가 된다. 가진 것이 없다고, 흙수저라고 자조만 하고 있으면 삶이 위태로워진다. 잘 살려면, 그리고 행복하려면 고개를 높이 들어야 한다. 멀리 보면서 계획을 세우고, 인내하고, 부지런히 노력해야 한다.

자기 인생의 항로를 결정하는 선장은 자기 자신이다. 평등하고 자유로운 세상을 경외하고 그 앞에서는 한없이 겸손하되, 자신의 자존을 누르는 사회적 편견, 권위, 억압과 무지한 차별 앞에서는 고개를 빳빳이 들고 대항해야 한다.

내 이야기가 너무 힘을 준 것처럼 들릴지도 모르겠다. 그렇다면 행간에서 나의 안타까움도 함께 읽어 주었으면 좋겠다. 우리는 쉽게 희망을 놓는다. 월급을 한 푼도 안 쓰고 모아도 집 한 채 사는 데 수십 년이 걸린다는 언론 보도에 집을 꿈꾸지도 못하고 주저앉는다. 억대 연봉을 받는 샐러리맨의 숫자를 보며 '나는 왜 이래'라고 한탄한다. 대기업에서 신입사원 모집을 줄인다는 소식만 들어도 '나는 안 된다'며 포기한다. 흙수저라는 자신의 현실이 밉고, 세상이 밉고 부모도 원망스럽다. 희망을 가지려다가도 자신이 넘어야 할 허들이 너무 높은 것 같아 시작도 하기 전에 기운이 빠진다.

하지만 계속 주저앉아 있어야 할까? 바꿀 수 없는 현실이라고 포기한 채로 살아야 할까? 하나 때문에 무너지기 시작하면 쉽게 일어설 수가 없다. 연애, 결혼, 출산을 포기하는 3포세대가 지금은 포기하는 목록이 끝없이 길어지는 N포세대가 되었다. 계속 포기만 하면서 살아야 할까?

인생의 악순환(Vicious circle)! 악순환에 빠지면 답을 찾기가 힘들어진다. 비즈니스 세계에서는 악순환을 피하는 것이 중요하다. 기업은 한번 악순환에 빠지면 거기에서 빨리 빠져나오려고 최선을 다한다.

한 사람의 삶도 마찬가지다. 자신의 인생을 스스로 악순환의 고리에 집어넣고 삶에서 손을 뗀다면 회생이 불가능하다. 어떻게든 그 고리에서 나오기 위해 최선을 다해야 한다.

악순환에서 빠져나올 수 있는 방법은 무엇일까? 세상이 변한다면 더 빠르게 빠져나올 수 있겠지만, 세상은 쉽게 움직이지 않는다. 그렇다고 포기해서는 안 된다. 개인적 차원에서 할 수 있는 일이 하나라도 있다면 한번 시도해 볼 수 있지 않을까?

나는 야망은 컸지만 현실은 보잘것없었던 나의 젊은 시절에 삶을 바꾸려는 아주 작은 노력을 먼저 시작했다. 유난히 머리가 우수한 것도 아니니, 내가 갖고 있는 재능은 오직 부지런함과 건강함밖에 없다고 생각하여 남들보다 더 많이 움직였다. 세상이 내 삶을 마음대로 규정하는 것을 원치 않았기에 생각하고, 또 생각하면서 자신의 인생을 설계하고 실행해야 했다.

어느 날 힘든 과정을 겪고 있던 후배와 이야기를 나눈 적이 있었다. 그의 이야기 속에서 내가 할 수 있는 일은 많지 않았다. 그저 그의 어깨를 토닥이면서 "너는 너만의 별을 따라가라"는 조언을 건네는 것이 내가 할 수 있는 일의 전부였다. 아마 그 조언은 가볍게 스쳐 지나갔을지도 모른다. 어쩌면 후배는 마음속으로 '어쩌라고? 별이 뭔데?'라고 생각했을지도 모르지만, 내 조언은 진심이었다.

별은 꿈이다. 꿈을 잃으면 영혼을 잃게 된다. 영혼을 잃으면 육체가 움직이지 못한다. 세상은 우리들에게 끊임없이 꿈을 꺾으라고 강요한다. 꿈은 없다고, 이 세상은 썩었다고, 노력해서 되는 세상이 아니라고 한다. 그러나 그 말의 진위는 중요하지 않다. 문제는 그 말을 듣고 동조하여 같이 주저앉을지, 아니면 자신만의 삶이라도 바꾸겠다고 선택할지를 결정하는 것이다. 주저앉는 순간 악순환의 고리에 빠진다는 것만은 분명하다.

악순환에서 빠져나오는 길은 하나다. "나는 내 삶을 바꿀 수 있다"라고 믿고 "무엇을 할 것인지"에 대한 계획을 세우며, 꿈을 갖는 것이다. 그다음은 그 꿈을 이루기 위해 실천적 전략들을 세우면 된다. 꿈을 이루는 일은 어렵지 않다. 분명한 꿈과 삶을 바꿀 수 있다는 믿음, 실천을 위한 계획, 이 세 가지만 있다면 충분히 가능하다.

3

사회적 신용으로

선순환의 궤도에 오르자

사람들과 함께 일본을 여행할 기회가 있었다. 여행을 한 지 며칠 되었는데도 여전히 서먹한 분위기라 누군가 각자 자기소개를 5분씩 해보자는 제안을 했다.

평소라면 생계를 위해 잘 포장된 사교적이고 매끈한 자아가 이 모든 일을 처리했겠지만, 그때는 타지에서의 여행 때문인지 서툴고 뻣뻣해서 늘 숨기고 있던 다른 자아가 나타났다. 정돈되지 않은 말들이 튀어나올 것 같아 머릿속이 하얗게 되고, 땀까지 흘렀다.

자기소개가 시작되자 사람들은 자신의 인생사를 간략하게 이야기했다. 어디에서 태어났고, 어떻게 자랐고, 무엇을 하고 있는지가 주된 내용이었다.

다른 사람들과 비슷하게 자기소개를 하려 했지만, 그날따라 말이 잘 나오지 않았다. 준비가 되지 않은 채로 소개를 시작하면 엉뚱한 이야기를 할 것 같아 내 차례가 될 때까지 단어를 골랐지만, 결국 숨겨 뒀던 고민이 소개의 자리를 빌려 튀어나왔다. 뒤에 이어질 말들이 숨김없는 내 생각이기도 하고 이후의 반응도 고민해 볼 만한 내용인 듯하여, 길지만 그때의 생각을 옮겨 본다.

"저는 자유주의자입니다. 무엇에도 속박되지 않고, 속박되기 싫고, 속박되지 않으려고 매일 나를 돌아봅니다. 오늘 나는 어떤 것에 구속되어 살았던가를 들여다봐요. 모순덩어리의 세상은 제가 원해서 태어난 게 아니었어요. 학창 시절 생물 선생님은 우리가 엄마의 자궁 안에서 이미 1억 대 1의 경쟁률을 뚫고 선택된 행운아라고 했어요. 그런데 이 사건이 행운일까요? 세상에 나왔더니 어리다는 이유로 툭하면 어른들이 볼을 쥐고 흔들고, 이유도 모른 채 젊은 시절을 공부만 하면서 보내야 했어요. 가끔 그때 사라진 다른 생명의 후보들보다 지금의 제 현실이 나은 게 뭔가 싶을 때가 많아요.

열 살쯤 되었을 때 왜 꼭 살아야 하나 생각했어요. 사람들은 제가 잘하면 환호하다가도, 하나만 못해도 세상이 끝날 것처럼 혼내더라고요. 참 이상했어요. 어떻게 그토록 쉽게 입장을 바꿀 수 있는지 궁금하더라고요. 저는 뭘 해도 달라지지 않잖아요. 그런데 어떤 것을 하면 좋아하고, 또 어떤 것을 하면 싫어하더라고요. 그 기준도 어른들마다 다르고요. 그래서 일단 세상 속에서 살아야 하니까 남들이 좋다고 하는 일은 모두 해보기로 했어요. 커서도 마찬가지더라고요. 저 자신을 보며 환호하기보다 유명한 직장에 다니거나 남들이 보기에 그럴듯하게 성공한 것 같으면 좋아하더라고요. 꼭 연극 무대에 서 있는 거 같았어요. 해피엔딩이 정해져 있는 대본을 외운 뒤에 무대 위에 올라가 혼신의 힘을 다해 연기를 하는 거죠. 연기를 잘하면 사람들은 기립 박수를 치잖아요.

원래 글 쓰는 사람으로 살고 싶었거든요. 꿈을 한 번 이뤘어요. 스물두 살에 쓴 첫 책(『서울대 기숙사』)이 베스트셀러가 된 거예요. 그런데 계약을 잘못해서 내가 번 돈은 없었어요. 또 그 사이에 꿈이 하나 더 생겨서 유학도 가고 싶고, 잘살고 싶더라고요. 그러다 보니 글쓰기를 계속할 수가 없었어요. 돈 벌어서 마음 편히 글을 써야지 하다 여기까지 와 버렸어요.

세월이 훌쩍 갔어요. 타인을 위해 연기하며 살아온 세월이 진짜 내 삶보다 더 길어졌어요. 이만큼 했으면 나도 대배우 급에 들지 않을까 해요. 나의 정체성과도, 나의 철학과도 맞지 않는, 내가 생각하는 인생의 본질과 전혀 맞지 않는 삶을 오래도 살았어요. 그 대가는 꽤 달콤합니다. 일상이 편안하거든요. 일단 물질적 빈곤으로부터는 자유로워졌어요. 어느 주말 이른 아침에 남산을 걷는데 너무 좋은 거예요. 그래서 하느님께 기도했어요. 20대의 내가 그토록 두려워했던 나의 중년에 이렇게 남산 길을 걸을 수 있는 여유를 갖게 해주셔서 감사하다고 말이에요.

요새는 저에게 질문을 던져요. 연기는 언제쯤 그만할 거냐고요. 무대를 언제 떠날지를 고민해요. 손뼉 칠 때 떠나라는 말을 하는데, 제 생각은 달라요. 누군가 손뼉 쳐 줄 때는 그분들과 함께 즐겨야죠. 무대를 떠나는 때는 내가 나를 찾는 때예요. 이제 진짜 나를 찾고, 언제쯤 거침없이 세상에 나 자신을 내놓을지를 고민하고 있어요."

말을 끝냈더니 주변이 조용해졌다. "결론만 말하자면 전 자유를 갈망하는 연극배우?" 조용한 분위기를 가볍게 마무리하고 나니 부끄러움이 확 밀려왔다. 그런데 이야기를 듣던 사람들 중 한 명이 탄성 같은 소리를 내며 말했다.

"감동적이네요."

당황스러웠다. 글 속에서 표현을 다듬긴 했지만, 그때 이야기는 자기소개와는 어울리지 않는 심각한 고민이었다. 그동안 내가 원하는 삶을 사는 것이 아닌, 사회가 원하는 역할을 꼭두각시처럼 이행하고 있는 것 같아 답답했던 마음을 처음으로 토로했던 것이다. '어렵게 내 삶의 고통을 고백했는데, 왜 이 심각한 고민이

감동적이라고 읽히는 것일까?'

　나는 이러한 상황을 '선순환'(virtuous circle)이라고 표현한다.
　선순환은 좋게 보이는 사람은 무엇을 하든 좋게 보인다는
말 정도로 해석하면 좋겠다. 선순환은 긍정적인 것들이 계속
되먹임되며, 더 좋은 결과를 만들어 내는 구조이다.
　한번 사회적 신용을 얻은 이들이 선순환 구조에 들어서면
무엇을 하든 사람들은 신뢰를 보낸다. 그룹 빅뱅 멤버인
GD&TOP의 「쩔어」라는 노래를 보면 "막 똥을 싸도 박수 갈채를
받지"라는 가사도 나온다. 그러나 악순환 구조에서 나오지 못하면
개인적으로도 힘들 뿐만 아니라, 사회적으로도 신뢰를 얻지 못해
평생 고생을 할 수밖에 없다.
　청춘들의 시기가 중요한 이유는 이 두 구조 중에 어디에 탈
것인지를 선택해야 하기 때문이다. 힘든 시기를 잘 넘기면 선순환
구조에 들어가게 되고, 사회적 신용이 생기면 명예나 돈을 얻기도
쉬워진다.
　선순환과 악순환 사이의 결정은 단순한 입장의 선회를
의미하지 않는다. 한 사람의 의지뿐만 아니라 편견, 사회적
관념들이 한 사람의 정체성을 결정하여 선순환 쪽이냐, 악순환
쪽이냐의 길을 갈라 주는 데 큰 역할을 한다. 어느 쪽으로

들어설지를 결정하고 그 방향으로 자신을 이끄는 것, 결국 그것은
개인의 부단한 노력이다.

4

행복은

자기가 하는 일을
좋아하는 것

　나의 직장 경험 중에 대통령의 개인기록비서라는 타이틀이
가장 눈에 띌 수 있겠으나, 그 일은 내 경력의 한 부분일
뿐이다. 나는 직장 경험이 다양한 사람이다. 대학 졸업 후에
'뿌리깊은나무사'에서 출간하는 『샘이깊은물』이라는 교양잡지
기자로서 첫 사회생활을 시작했다.

　그후 MBC에서 방송작가로 잠시 일했다. 즐겁고 재미있던
방송작가의 길을 뒤로하고 언론학으로 유학을 마친 뒤, 미국에서
블룸버그 통신사를 다녔다.

　한국에 돌아와서는 청와대에 들어가 노무현 전 대통령의
개인기록비서로 일했고, 이후에는 한국 화이자제약의 전무로

일했다. 그러고 나서 김앤장 법률사무소의 고문이 되었다. 김앤장 법률사무소 역사에서 가장 나이가 어린 첫 여성 고문이었다.

짧게 정리한 이력서만 보면 조금 화려해 보이지만, 나도 청춘 시절에 원하는 직장을 갖지 못한 탓에 아침에 눈을 뜨기가 싫었던 적이 많았다. 잠을 더 자고 싶어서가 아니라 불행한 현실을 마주하고 싶지 않아서, 또는 진짜로 죽어 버리고 싶을 때도 있어서였다. 죽어라 노력했는데 내가 원하는 만큼 풀리지 않던 시절이었던 것 같다. 대학 졸업 후 세상에 나와 받은 첫 월급은 49만 원이었다. 그 월급을 받은 날 화장실에 들어가 울었다. 당시 대기업 직장인들은 초봉이 80~90만 원쯤 되던 때였는데, 내 월급이 너무 초라하게 느껴진 때문이다.

스물두 살에 쓴 첫 책이 베스트셀러가 되고, 스스로의 힘으로 미국 유학을 떠났으며, 좋은 은사와 나를 도와주는 사람들을 많이 만났지만 마음은 늘 불안했다. 남보다 앞서가야 한다는 강박 속에서 도전해야 할 일은 산더미 같고 진척은 느리기만 한 것 같았다.

청운의 꿈을 안고 갔던 미국에서 성공했다는 소리를 들을 만한 직장을 잡고 싶었으나 좀처럼 기회가 오지 않았다. 마음속에는 CNN이나 『뉴욕타임스』 같은 곳에 취직해야 한다는 조급함이 꽉 들어차 있었다.

대학원을 졸업하기도 전에 마이크로소프트 한국지사를

찾아간 적도 있다. 그때 구글처럼 인터넷 플랫폼 서비스가 앞으로 크게 성공할 것 같아 MSN을 활성화시켜야겠다고 생각했다. 마이크로소프트에 내가 그 사업에는 적임자라고, 채용해 달라고 말했지만 거절당했다. 거절당하고 나면 뒷맛이 매우 쓰다. 그후 플랫폼 서비스에서 구글이 약진하고, MSN의 경쟁력이 떨어지는 것을 보면서 내심 '내가 맞았지' 하며 퇴짜 맞았던 나를 스스로 위로한 적도 있다.

미국에서 대학원을 갓 졸업한 후에는 한동안 매일 아침 신문 구직란을 뒤적였다. 생활비가 부족해지면 저소득층 가정에서 아이를 돌보는 일도 했었다. 병원에서 물건 나르는 자리에도 지원했는데, 업무 적응도가 낮다고 떨어졌다. 어떤 할머니의 직원이 되어 매킨토시 컴퓨터를 들고 다니며 유치원 아이들에게 간단한 컴퓨터 교육을 했던 기억도 떠오른다. 아이 돌보기가 시간당 7달러였는데 그 컴퓨터 교육은 시간당 15달러를 받았으니, 그때 내 처지에서는 저널리스트의 꿈이고 뭐고 간에 일단 돈을 벌어야 했다.

구직은 피가 마르는 일이다. 구직을 하는 동안에는 정말 비참하고 외로운 싸움을 벌이는 것만 같다. 나는 그때의 느낌들을 생생히 기억한다. 대학원 졸업 후 1년 정도 반백수로 사는 동안 나와 함께 공부했던 친구가 퓰리처상을 수상했다는 소식을 들었다. 솔직히 그때 울었다. 친구가 부럽다기보다 내 처지가 너무 슬퍼서,

나만 안 되나 싶어서 말이다.

　그러던 어느 날 CNN 부사장으로부터 채용 인터뷰를
하겠으니 본부가 있는 애틀랜타 조지아로 오라는 연락을 받았다.
나는 인터뷰를 받게 된 것만으로도 날아갈 듯이 기뻤다. 단숨에
날아갔고, 인터뷰는 썩 괜찮게 진행되는 듯했다. 당시 CNN은
온라인 매체 사업을 한창 시작한 터라 아시아 담당 에디터를 찾고
있었다.

　"미국인들을 대할 때는 난 체(savvy)하라"고 말한 미국인 선배의
조언대로 나는 최대한 당당하게 보이려 노력했다. 선배의 조언
때문인지는 모르겠으나 부사장은 단박에 나에게 호감을 보였다.
그는 나와 한 시간이나 이야기를 나눈 뒤 편집부로 데리고 가
기자들에게 인사를 시켜 주었다. 그들 저마다가 어떤 일을 하고
있는지도 세세하게 알려 주었다. 그런 뒤 다시 부사장의 방으로
들어갔을 때, 그는 몸을 의자에 길게 눕히며 아주 편한 자세로
물었다. "아시아 데스크 담당을 맡게 되면 구체적으로 어떤
방향으로 아시아를 보여 줄 생각인가?"

　질문을 듣는 순간 목이 막히더니 영어가 꼬이기 시작했다.
편집부를 한 바퀴 돌 때만 해도 술술 잘 나오던 영어가 그때부터
딱 막히는 게 아닌가. 지금 생각해도 그때 내가 왜 그렇게
드라마틱하게 '난 체하는 사람(savvy person)'에서 '부끄럼쟁이(shy

person)'가 되었는지 모르겠다. 그로부터 며칠 뒤 부사장이 내게 이메일을 보냈다.

"유쾌한 대화였습니다. 당신은 좋은 자질을 가진 사람입니다. 언젠가 다른 좋은 기회가 되어 함께 일할 수 있기를 희망합니다."

낙방이었다. 이불을 뒤집어쓰고 펑펑 울었다. (참고로 알아두시기 바란다. 미국에서는 '낙방'시 지원했던 회사로부터 편지를 받고, 합격시 전화를 받는다.) 나는 또다시 몇 달 동안 다른 인터뷰 기회를 잡기 위해 이력서 쓰는 일에 매달렸다. 답답한 마음에 어머니께 전화를 걸면 어머니는 이렇게 말씀하셨다.

"조급해하지 말고 이력서 100통을 쓴다는 마음으로 해라. 뭐든지 100번 해서 안 되는 일은 드물다. 100통의 이력서를 다 보낼 때까지 노력해 보렴."

그후부터는 '100'이라는 숫자에 매달렸다. '안타깝게도 현재 당신의……'라는 통보를 받더라도 아직 100번을 채우지 않았다고 생각하니 마음이 조금 덜 아팠다. 그러면서 이력서를 보낸 곳이 블룸버그 통신사였다. 인터뷰를 위해 뉴저지로 갔다 돌아오는 길에 인사 담당자로부터 연락을 받으면서 이력서 쓰는 일은 끝이 났다. 그날의 기쁨은 지금도 잊혀지지 않는다. 그러나 블룸버그에 합격하기 직전까지 나는 극심한 구직 스트레스에 시달렸고, 몸과 마음 모두 병을 얻고 말았다.

구직과 이직 사이에서는 필연적으로 방황과 깨달음의 시간을 만나게 된다. 블룸버그 통신에 다니다 한국에 들어온 이유는 아버지 병구완 때문이었다. 아버지의 마지막 길을 지켜 드려야 평생 후회하지 않을 것 같아 회사를 그만두고 아버지 곁에 있었다. 블룸버그에 그대로 있었더라면 어땠을까를 떠올릴 때도 있지만, 아버지를 위해 직장을 그만둔 일은 지금도 후회하지 않는다.

가끔 사람의 직장 커리어도 영어 공부와 패턴이 같다는 생각을 한다. 영어를 잘하는 사람들은 "어느 날 갑자기 잘하게 되더라"고 공통적으로 말한다. 열심히 노력하다 보니 어느 날 귀에 들리고, 말이 트였다는 것이다. 한참 노력하다 보면 어느새 다음 단계에 올라가 있는 것이다.

이 사례가 직장에도 똑같이 적용된다. 뭘 해도 안 되고, 아무리 해도 안 풀리는 것 같았던 젊었을 적 구직의 시간들, 그 과정에서 겪게 되는 좌절과 모멸감, 열등감, 희망이 없을 것 같은 날들은 지금 생각해 보면 영어 공부의 1단계와 같은 노력의 시간이었던 것 같다. 실력을 인정받게 되면서부터는 내가 지원하지 않아도 구인자들이 찾아왔다. 헤드헌터들과 글로벌 기업 임원들의 전화, 그리고 각종 오퍼들이 쏟아져 나왔다. 20대에는 상상도 못한 일들이 실현된 것이다. 어느 순간부터 앞서 언급했던 선순환 사이클에 들어갔기 때문은 아닐까? 내가 사회적 신용을 얻게 되자 수요자들도 신뢰를 보내기 시작한 것이다.

구직은 청춘들에게 쉬운 일이 아니다. 통계청이 발표한 2017년 4분기 청년실업률이 9.9퍼센트라는 말은 우리 주변 청년 열 명 중에 한 명이 취직을 못하고 무직 상태에 있다는 뜻이다. 실업률이 너무 높다.

상황이 이러니 청춘의 분노와 좌절은 당연하다. 행복하지도 않을 것이다. 부모님들이 시키는 대로 학원에 가고 대학까지 졸업했는데, 졸업한 후에 할 일이 없는 세상에 살고 있다. 국가의 경제성장률은 2~3퍼센트 수준이라고 한다. 20퍼센트가 80퍼센트를 먹여 살린다는 말도 끔찍한데 어느새 10퍼센트가 90퍼센트를 먹여 살린다고 말이 바뀌었다. 4차산업혁명 이후 로봇들이 쏟아져 나오면 인간은 할 일이 더 사라진다고 말한다. 청춘들이 꿀 수 있는 꿈의 길은 좁아지는 것만 같다.

그렇기 때문에 나는 최선을 다해 솔직하게 내 고민과 생각을 나누고 싶다. 어쩌면 어른들이 그동안 상술 때문에, 체면 때문에, 또는 그들만의 사회적 욕망을 실현하기 위해 청춘에게 했을 거짓말들을 다 걷어 내고, 진짜로 성공하는 방법을 알려 주고 싶다.

그렇다면 나는 성공했냐고?
성공의 기준이 백만장자라면 나는 뒤로 물러나야 할 것이다.

하지만 내가 생각하는 성공의 기준은 금전이 아니라 현재의 삶에 대한 만족이다. 그러한 측면에서 나는 삶에 만족하고, 매일 아침이 기쁘며, 내일은 또 어떤 신나는 일이 기다리고 있을까 설렌다. '성공'의 기준은 자신만이 만들 수 있다. 그렇기 때문에 은행에 얼마가 있고, 몇 평짜리 아파트에 사느냐는 기준이 될 수 없다.

행복도 마찬가지다. 행복 역시 오직 주관적 잣대로 평가된다. 내가 자주 가는 식당의 계산대 앞에 재미난 문구가 하나 붙어 있다.

'행복이란 자기가 좋아하는 일을 하는 것이 아니라, 자기가 하는 일을 좋아하는 것이다.'

좋아하는 일을 하며 사는 것이 행복이라 생각하는 청춘들에게 이 문구는 낯설게 들릴지도 모른다. 나 역시 처음에는 그 종업원에게 "그건 관리자가 지겹게 일해야 하는 노동자를 '행복'이라는 말로 다독이기 위한 것 아닌가요?" 하고 농담을 했다.

행복하게 살기 위해서는 행복이 무엇인지에 대한 자신만의 정의도 중요하지만, 시간이 지날수록 행복을 위해 무언가를 '포기하고 버리는 용기'가 필요한 것 같다. 포기하고 버리는 용기는 선택의 순간에 자신이 가지고 있는 것을 내놓는 용기를 말한다. 흔히들 곳간을 비워야 다시 채워 넣고 손에 쥔 것을 버려야 다른 것을 쥘 수가 있다지만, 막상 무언가를 포기해야 하는 상황에 서면

열에 아홉은 이미 손에 가지고 있는 것을 놓지 못한다. 많은 사람이 자신의 기득권은 꼭 쥔 채, 남이 가진 것을 부러워만 한다. 다른 사람이 그것을 얻기 위해 무엇을 버렸는지 알지 못한 채 말이다.

나는 일이 복잡해져서 해결하기 힘들 때면 손바닥을 펴본다. 그리고 그 안이 비어 있음을 다시 한 번 머릿속에 주입한다. 20대 때 내가 눈앞에 보이는 것들을 그저 가지려고만 했다면, 지금처럼 하고 싶은 일을 마음껏 하며 사는 사람이 되어 있지는 못할 것이다. 내가 좋아하는 일, 하고 싶은 일, 그것을 위해 단기적으로 수입이 더 많은 일, 더 명예로운 일, 더 안전한 일들을 버렸던 것이 어쩌면 과분할지도 모르는 현재의 내 삶을 만들어 주었다.

나는 노력하여 얻는 결과물들이 가져다주는 의미와 버리고 나면 더 크게 얻는다는 말이 진실임을 알고 있다. 이것이 하고 싶은 일을 마음껏 하며 살아가는 내 삶의 비결이다.

열다섯 살에 고아가 되어 파란만장한 청춘을 보냈던 아버지가 죽음을 앞두고 자신은 행복했다고 웃음 짓는 모습을 보았다면, 사람들은 그가 성공한 인생을 살았음을 믿어 의심치 않을 것이다. 성공은 그 사람의 위치가 어디에 있든 자기만족의 상태와 직결되어 있다. 지금의 나는 내 삶에 만족하고 있다. 10년 후에도 내 삶에 만족할 수 있을지는 모르겠다. 그러나 이제껏 그렇게 해왔듯, 앞으로도 나는 꾸준히 내 삶을 만들어 갈 것이다.

5

창업

모험을 두려워하지 말자

내가 창업을 한 이유를 하나로 표현하기는 어렵다. 나는 내가
만든 회사를 통해 직장은 사람에게 어떤 곳이어야 하는지, 회사는
사회에 무엇이어야 하는지 평생 생각해 온 고민을 풀어내는
중이다. 일종의 나 자신에 대한 도전일 수도 있다.

경제학자 무함마드 유누스(Muhammad Yunus) 박사의 책 『가난
없는 세상을 위하여』(*Creating a World Without Poverty*)를 읽었다.
노벨평화상 수상자인 그는 빈곤층을 구제하는 소액대출사인
그라민 뱅크의 창시자이다.

나는 유누스 박사에게 방문하고 싶다는 편지를 보내고 바로
짐을 싸서 방글라데시로 갔다. 무함마드 유누스 박사는 사업을

"돈을 위한 것이 아니라 사회적인 문제를 해결하기 위한 것(Not for money, but for social problem solving)"이라고 표현했다. 그는 수익이 목적이 아닌, 사회를 위한 비즈니스의 개념을 만들어 낸 사람이다. 배웠으면 활용해야 하지 않겠는가?

사회생활은 단지 일만 하는 것이 아니라 나와 사회가 교류하는 것이다. 나의 옆에 앉아 있는 동료 직원들과의 교류이며, 나와 그들이 함께하는 사회 안에서의 소통이다. 빈곤, 빈부 격차, 인권, 정의……. 사회생활은 이 문제들에 대한 해법을 향한 끊임없는 전진이기도 하다.

나는 생각으로 그치는 것이 아니라 현실에서 과연 회사가 어디까지 사회를 위해 공헌할 수 있을지 실험해 보고 싶었다. 이것이 내가 창업을 한 첫 번째 이유다.

내가 창업을 한 데에는 또 하나의 이유가 있다. 나는 배웠으면 활용해야 하고, 말했으면 지켜야 한다고 생각하는 편이다. 나는 오랫동안 청춘들에게 창업을 하라고 권해 왔다. 직접 실리콘밸리와 미국 동부의 창업 전선을 돌아다니며 그들의 스타트업 생태계를 배웠고, 청춘들에게 대기업이나 공무원만 생각하지 말고 창업을 하라고 수없이 권했다. 심지어 스탠포드 대학을 우수한 성적으로 졸업하고 마이크로소프트에 입사했던 아무개를 '꼬드겨' 창업 전선으로 내몰기도 했다. 그녀는 지금 펀드를 구하고, 회사를

일구기 위해 동분서주 중이다. 자신의 딸이 창업한다는 이야기에
깜짝 놀란 어머니에게는 이렇게 말했다.

"요새는 창업 경력이 있는 사람들을 회사가 더 선호합니다.
창업하여 성공하면 좋고, 실패해도 그 경험을 회사에서는 높이
치니까 따님의 창업 열정을 막지 마세요."

나는 조카가 초등학교 5학년이 되었을 때 주식시장 보는 법을
가르쳤다. 또 조카가 중학생이 되자 창업은 어릴 때 하는 것이
좋다고 '꼬드겨' 그가 친구들과 함께 온라인 회사를 차리도록 적극
권장했다. 미국에서는 창업을 시작하는 나이가 이제 20대에서
10대로까지 내려가는 것을 보면 조카의 시도는 시대와 동떨어진
일이 아니다. 개인적으로 나는 중학교나 고등학교 때, 선택
교과목에 창업을 넣어야 한다고 주장해 왔다.

그런데 어느 날 깨달았다. 남의 집 딸이나 조카에게 창업을
권유하면서 정작 나는 창업한 적이 없었다. 이것은 마치 자신은
책을 한 권도 읽지 않으면서 자식에게는 책 읽으라고 야단치는
부모와 같지 않은가!

창업을 권유하는 사람이 창업하지 않는다면 누가 그
진실성을 믿겠는가? 내가 한 말에 책임도 질 겸 창업을 했는데,
사실 한편으로는 즐겁고 한편으로는 많이 두렵다. 수십 년 동안
간절히 원했던 것을 마침내 해보는 기분은 떨림 그 자체이다. 매일

사람들과 지하철을 타고 출퇴근을 하다가 20대 시절을 떠올렸다. 손가방 두 개를 들고 미국 유학을 떠났던 때의 용기가 다시 찾아온 듯했다. 시작 전에는 얼마나 두려웠는지 모른다. 실제로 몸이 덜덜 떨릴 정도로 겁이 났다. 그때 친구가 성경 글귀를 하나 보내 주었다.

> '두려워하지 말라. 내가 너와 함께 함이라. 놀라지 말라. 나는
> 네 하나님이 됨이라. 내가 너를 굳세게 하리라. 참으로 너를
> 도와주리라. 참으로 나의 의로운 오른손으로 너를 붙들리라.'
>
> (이사야 41:10)

우리 사회에서 창업은 큰 용기를 필요로 하는 일이다. 특히 우리나라처럼 사람이 한 번 실패하면 패가망신과 신용불량자 등으로 완전하고 철저하게 재기불능으로 몰아가는 나라에서 창업은 무서운 일이다.

창업하라면서 저금리로 돈을 빌려 주지만, 사업이 안 풀릴 때는 빚을 갚으라고 집행관을 보낸다. 실패하면 바닥으로 추락하는 곳에서 누가 창업을 하겠는가? 나는 이 시대의 청춘들이 공무원을 희망하는 이유는 실패했을 때 최소한의 안정마저 담보하지 못하는 현실의 가혹함 때문이라 생각한다. 공무원은 월급은 적지만, 망하지는 않으니까. 그래서 노량진은 이 나라의 청년 현실을

적나라하게 보여 주는 곳이라 할 수 있다.

내 인생 직장의 마지막 종착지이자 새 출발지가 이 스타트업이다. 나의 창업은 여러분들과 마찬가지로 모험이지만, 나는 이 모험에서 꼭 성공하고 싶다. 그리고 나서 얻은 경험을 더 나누면서 청춘들에게 말만 하는 선배가 아닌, 함께 경험하고 고락을 나누는 사람이고 싶다.

노무현 전 대통령은 나에게 스승이었다.

나의 인생은 그분을 만나기 이전과 이후로

나뉜다고 해도 과언이 아니다.

노무현 전 대통령을 만나기 전까지의 나는

세상에 대한 열등감에 휩싸여 있었다.

그랬던 내가 노무현 전 대통령을 만난 이후부터는

담대한 사람이 되었다.

나를 숱하게 괴롭히던 가난,

여성이라는 이유로 받게 되는 차별,

이른바 빽 없고, 돈 없는 것에 대한 열등감이

그분을 만나고 사라졌다.

2

가혹한 상황의 손아귀에서도
나는 움츠러들거나
소리 내어 울지 않으리.

In the fell clutch of circumstance
I have not winced nor cried aloud.

– 윌리엄 어니스트 헨리, 「인빅터스」 중에서

6

청춘은

숫자가 아니라
마음에 있다

청춘(靑春)은 몇 살부터 몇 살까지를 말하는 것일까? 한자로
보면 푸른 봄이니 대부분은 10대 후반에서 20대까지를 청춘이라
생각한다.

청춘 시절은 대체로 모든 것이 용서된다. 실수와 실패, 방황과
방종, 도전과 저항이 용서된다. 낯선 세상을 기웃거려도 되고,
무모한 모험에 빠져들어도 된다.

『이상한 나라의 앨리스』에 나오는 이야기는 청춘 그 자체와
같다. 커져도 되고, 작아져도 되고, 말도 안 되는 상상 속으로
빠져 들어가도 된다. 실패한 도전은 용기였다고 용서받을 수 있고,
엉뚱한 상상은 창의성이었다고 칭찬받을 수 있다. 무한한 격려와

무한한 용서를 받을 수 있는 때가 청춘이다.

청춘은 앨리스이고, 청춘은 아이다. 여기서 핵심은 청춘은 '어른이 아니다'라는 말이다.

하지만 어른은 다르다. 어른은 책임 덩어리이다. 행하는 모든 일에 책임을 져야 한다. 모르는 것이 많지만 누가 잘 가르쳐 주지 않는다. 머리 싸움과 경쟁이 주된 삶이 된다. 하는 행위 하나 하나가 결과로서 점수가 매겨진다. 일을 잘했는지, 혼인을 잘했는지, 자식을 잘 키웠는지, 돈을 많이 벌었는지, 명예가 있는지에 따라 비교되고 우위가 결정된다. 그야말로 어른의 세계는 전쟁터다.

어른들은 청춘 시절을 그리워한다. 어른들에게 청춘은 낭만이다. 무엇이든 해도 되었던 그때를 추억하고 과거의 시간을 그리워한다. 헝클어진 삶을 다시 시작하고 싶을 때에도 청춘 시절을 생각한다. 과거의 한때를 아쉬워하며 탄식 한 번 해보지 않는 어른은 없다. 영화 「건축학개론」이 나왔을 때, 어른들에게 중요했던 것은 그 시절에 대한 향수였다. 주인공들의 나이가 스무 살인 것은 우연이 아니다. 나이 스물은 아이 때에서 금방 벗어난 청춘이기 때문이다.

푸른 봄의 시작을 알리는 스무 살의 주인공 승민과 서연은 그 시절이면 누구나 그랬을 감정의 풋풋함을 그대로 보여 준다. 영화는 서툴고 두근거리는 마음을 간직한 그 시절의 실수들에 대한 회고작이다.

이와 연동하여 볼 수 있는 영화가 배우 설경구가 주연한 「박하사탕」이다. 이 영화는 단 하나의 외침으로 기억된다.

"나 돌아갈래!"

젊은 시절의 꿈과 희망을 모두 잃어버린 한 중년 남자가 돌아가겠다는 곳은 '청춘'이다. 주인공 김영호에게 청춘은 그 시절에 좋아했던 첫사랑 여인으로 표현된다. 「건축학개론」 주인공들의 나이가 스무 살인 것과 「박하사탕」 주인공의 나이가 마흔 살인 것은 보편적 청춘과 보편적 어른의 삶에 대한 정확한 숫자적 표현이다.

그렇다면 어른에게 '푸른 봄'은 이제 사라진 시간일까? 끝난 것일까? 방부제 미모, 나이를 잊은 피부, 세월을 비켜 간 몸매, 이런 것들은 대개 '돈'을 들이면 되찾을 수 있는 외형적인 것이다. 진짜 청춘은 돈으로는 살 수가 없다. 그러나 돈을 들이지 않아도 젊게 유지할 수 있는 것이 분명 존재한다. 그것은 정신이다.

몸은 정신을 이길 수 없다. 청춘은 몸이 아니라 정신에 있다. 스무 살, 마흔 살 같은 나이의 문제가 아니라 청춘의 정신을 갖게 되면 청춘을 지킬 수 있다. 「인빅터스」를 다시 한 번 읊어 보자. 자신의 환경이 암흑 같고 피투성이가 되어도, 영혼의 주인이며, 영혼의 선장은 결국 자신이다. 주변 환경에 굴하지 않는 자신의 영혼과 그것에 대한 다짐을 노래하는 것이다.

대체로 사람들은 끊임없이 어떤 사회적 관습과 틀 속에 자신을 집어넣으려고만 한다. 틀 속에 스스로를 집어넣고, 할 수 있는 일과 할 수 없는 일이 있다고 생각한다. 그래서 나이가 들면 어른이 된 자신을 보며 한탄하고, 청춘을 그리워하게 되며, 결국 옛 시절을 회상하며 눈물을 흘린다.

그러나 정신이 살아 있다면, 어떤 것도 마음속의 청춘에 커튼을 드리울 수는 없다. 나는 나이 오십을 넘겼다. 그러나 단호하게 말할 수 있다. 나의 심장은 청춘이다. 나는 청춘의 눈으로 세상을 바라본다. 그래서 세상은 나에게 여전히 호기심 천국이며, 나는 끝없이 도전한다. 세상에는 희망이 있고, 미래가 있다. 나는 늙음도, 죽음도 두렵지 않다. 그것은 피할 수 없는 필연적인 미래이므로 걱정하는 일에 시간을 허비하지 않는다. 대신에 나는 내 심장 속 청춘이 시키는 대로 현재를 일구어 나간다. 내가 직장을 그만둘 때마다 주변 사람들은 늘 말했다.

"그 좋은 직장을 왜?"

그 좋은 직장들을 뒤로하고 나는 스타트업을 설립해 20~30대 청년들과 일을 하고 있다. 밤을 새우고, 일에 빠져 있다. 그런데 행복하고 신난다. 살아 있음을 느낀다. 외형은 중요하지 않다. 나는 앨리스보다 더 큰 상상이 가능하고, 그것을 실현할 수 있는 힘을 가지고 있다고 믿는다. 그 힘은 자유에 대한 갈망과 그것을 현실화하고자 했던 노력에서 나온다. 흘러가는 세월 속에서 몸을 가눌 수 없는 때가 온다 해도, 내 정신은 살아 있을 것이라고 믿는다.

이 책에서 말하는 청춘은 오직 '푸른 봄'들에 관한 것만은 아니다. 나는 이 책이 「박하사탕」 속에 들어가 있는 오늘날 이 세상의 모든 어른들에게도 용기와 희망이 되길 바란다. 청춘은 숫자에 있는 것이 아니다. 마음에 있는 것이다.

삶에 지친 어른이라면 내가 부축할 테니 다시 청춘으로 돌아가자. 다시 한 번 꿈과 희망을 그려 보자. 청춘은 나이에 있는 것이 아니라 마음속에 있고 자신이 그것의 키를 잡을 수만 있다면, 인생의 항로는 스스로 만들어 갈 수 있지 않겠는가.

7

꿈은

꿈꾸는 자들에게만
현실이 된다

1992년의 일이다. 『샘이깊은물』의 기자로 사회생활을 시작한
나는 연극 단신을 쓰기 위해 대학로 극장에 갔다. 입장을 하려고
줄을 섰는데 바로 내 앞에 정의와 인권으로 상징되는, 젊은이들의
심장을 뜨겁게 만드는 스타 국회의원 노무현과 그의 아내 권양숙
여사가 서 있었다.

그에게 인사를 건넬까 말까, 두근대는 가슴을 누르며
고민했지만 용기가 나지 않아 그의 뒤에서 가만히 20분을 서
있었다. 마음속으로는 언젠가 그의 보좌관으로 일해 보고 싶다는
생각을 했다. 국회에 여성 보좌관이 있다는 이야기를 들어 보지
못했던 때였지만, 기회가 주어진다면 잘할 수 있을 것 같았다.

그로부터 10년이 흐른 뒤에 너무나 신기하게도 나는 노무현 대통령의 보좌역이 되었다. 노무현 대통령이 직접 선택한, 그의 첫 사관이 되어 2년 동안 그의 생각들을 기록하는 사람으로 살았다. 노무현 전 대통령은 그 옛날, 내가 그의 뒤에 서서 훗날 함께 일하고 싶어 했다는 사실을 알지 못한 채 돌아가셨다.

역시 1992년의 일이다. 내가 다니던 잡지사 근처, 안국동 사거리에 김앤장 법률사무소가 있었다. 잡지사 선배들로부터 가끔 그곳 변호사들에 관한 이야기를 들었다. 선배들은 김앤장이야말로 우리나라에서 가장 똑똑한 변호사들이 있는 곳이라고 했다. 나는 그 사람들이 궁금했다. '얼마나 유능한 사람들일까? 나도 그곳에서 한번 일해 볼 수 있을까?' 당장 그 사무실과 접점은 찾을 수 없었지만, 언젠가 기회가 되면 일을 해보고 싶었다.

그런데 18년이 지난 2010년, 신기하게도 김앤장 법률사무소의 고문이 되었다. 장-차관 정도의 경력을 가진 사람들만 갈 수 있다는 김앤장의 고문 자리에 그것도 그곳 대표변호사의 스카웃 제의로 들어간 것이다. 안국동에 있던 작은 김앤장 법률사무소는 현재 광화문에서 변호사 등 비서진, 스태프 멤버까지 해서 4,000명에 달하는 거대한 조직이 되었다.

현재는 고단하고 미래는 불확실하기에 인생은 늘 힘들게만 느껴진다. 그러나 과거를 돌이켜보면 기적 같은 일들이 수두룩하다.

과거로 돌아가 20대의 나에게 "훗날 네가 좋아하는 노무현 국회의원과 더 큰일을 할 기회가 있을 거야. 김앤장? 그곳에서도 네가 일하게 될 거야!"라고 말한다면, 아마 나조차도 그 말을 믿지 못했을 것이다. 20대의 나는 스스로를 초라하게만 느꼈고, 모든 일에 '감히 내가?'라는 두려움을 가졌었다. 왜 과거의 나는 그토록 두려워했을까? 그리고 지금은 어떻게 용기를 내어 나의 사업까지 꾸리게 되었을까?

두려웠던 이유를 살펴보면 크게 두 가지였던 것 같다. 그것은 사회적 편견과 가난이다.

1980년대 후반까지만 해도 여성들은 많은 제약을 받았다. 그때는 여성이 직장에 다니다 결혼하거나 임신하면 퇴직을 강요당했다. 결혼과 임신으로 인한 퇴직을 사회적으로 당연시 여기다 보니 지금처럼 숨기는 분위기도 아니었다. 요즘은 미스코리아 대회를 조용히 진행하지만, 당시만 해도 미스코리아를 뽑는 일은 거의 국가적 행사였다. 게다가 미스코리아 후보 대부분의 장래희망은 '현모양처'였다.

여성들에게 현모양처 외에 다른 사회적 활동에 대한 기회가 많지 않았던 시절이다. 공부를 잘하든 못 하든, 집이 잘살든 못살든 모든 여성들이 "여자는 좋은 남자 만나서 시집만 잘 가면 된다"라는 어른들의 말씀을 듣고 자라야 했다.

'노처녀'라고 하면 20대 후반부터를 칭하는 때였고, 여자에게 "그러니까 시집도 못 가지"라며 비난하는 남성들의 성차별적 발언이 전혀 문제가 되지 않았던 때였다.

당시 여성들은 대학에 입학해 전공을 고를 때도 제약이 있었다. 무역학·법학·경제학·경영학은 남성들의 전유물이었다. 팔자 센 여자라는 소리를 듣지 않으려면 영문학을 하거나, 사범대에 가서 선생님이 되어야 했다. 그도 아니라면 무용·음악·미술 등 예체능 쪽에서 공부를 하다가 결혼하는 것이 상수라고 하던 시절이었다. 여자가 배우는 것과 남자가 배우는 것이 지금에 비하면 크게 나뉘어 있었다.

법과 경제·경영이나 철학 같은 공부가 얼마나 재미있는지를 그때는 알지 못해 몹시 아쉽다. 누구도 내게 대학에 진학하기 전까지 그런 공부를 해도 된다는 이야기를 해주지 않았다. 아마 나와 함께 청춘을 보낸 여성들도 공부에 성별이 없음을 듣지 못했을 것이다.

아직까지 우리나라는 여성 경제부 장관을 한 명도 만나지 못했다. 가족 기업을 승계받은 재벌 2, 3세가 아니라면 스스로 창업하여 최고에 오른 여성 사업가도 거의 없는 상황이다.

젊은 시절 남대문 시장에서 들은 이야기도 빼놓고 싶지 않다. 남대문 시장에서 냄비를 보고는 다른 곳과 가격을 비교하기 위해 다시 오겠다고 했을 때, 그때 들었던 말이 아직도 귓가에 남아 있다. "여자가 재수 없게 아침에 와서 그냥 가네." 아침에 와서 여성이 냄비를 보는 일이 왜 재수가 없는 일인지 지금도 알지 못한다. 어쩌다 남대문 시장에 갈 일이 있었는데, 아직도 그 가게가 있었다. 이제는 주름진 얼굴로 일하는 아저씨를 보며 그저 그에게 딸이 없기를 바랄 뿐이다.

여성이 할 수 있는 것과 할 수 없는 것, 그리고 해야만 하는 것이 명확히 정해진 시대 안에서 남들보다 자유롭다고 생각했던 나도 꿀 수 있는 꿈의 종류에는 제한이 있었다. 그나마 요새는 많은 여성들이 싸우고 함께한 덕분에 여성들에게만 존재하던 꿈의 한계도 많이 사라진 것 같다.

그러나 아직도 남은 문제가 있다. 바로 빈곤이다. 빈곤은 성별을 구별하지 않고 사람의 꿈을 묶고, 제한하며, 좌절시킨다.

요즘 청춘들에게 빈곤 문제는 더욱 악화된 것 같다. 빈곤은 요람에서 무덤까지 한 사람의 생각, 문화, 삶의 반경을 결정하며, 좌절을 강요한다. '나는 이것밖에 못해. 그 이상은 할 수 없어'라며 스스로의 한계를 설정하게 만들고 결국에는 능력을 축소시켜 있는 자들, 가진 자들에게 복무하는 삶을 반복하게 만든다. '현대판 노예'는 시골 음습한 곳에서 쇠사슬에 묶여 일하는 이들에게만 해당하지 않는다. 도심 한복판에서 "너는 안 돼"라고 세뇌받으며 돈과 물질에 정신 세계를 지배당하는 사람들이 현대판 노예이지 않을까.

　유학을 다녀오긴 했지만 나는 원래 미국의 대학원은 고사하고, 우리나라에서 대학에 진학하는 것조차 꿈꾸기 어려운 일이었다. 집안 형편 때문이었다. 내가 대학에 진학하지 못한다면 그다음 선택지는 고졸자로서 직장을 구하거나, 아니면 시집을 가는 것이었기에 빈곤은 나의 꿈을 잡아먹는 괴물이자 삶을 옥죄는 쇠사슬과 같았다.

　돌이켜보면 빈곤은 시퍼렇게 멍들도록 무릎을 내리쳐도 속이 풀리지 않는 슬픔이다. 사회적 편견과 빈곤으로 한 인간의 꿈을 축소시키는 것은 범죄다. 인간은 자라면서 몸만 성장하는 것이 아니다. 생각도, 가능성도, 꿈도 함께 성장한다. 그런데 빈곤은 한 인간의 잠재성이 성장하는 것을 막는다. 그렇기 때문에 빈곤 문제를 해결하지 않는다면 범죄를 그대로 두는 것과 같다.

　경제학자 무함마드 유누스 박사가 마이크로 크레딧의 창시자임에도 노벨경제학상이 아니라 노벨평화상을 받은 데에는 이유가 있다고 한다. 그는 빈곤을 단순히 경제적인 문제로 보지 않았다. 그는 빈곤이 원인이 되어 시작되는 전쟁과 갈등을 막고, 사람들 사이의 평화를 이루게 하기 위해 빈곤을 퇴치해야 한다고 주장했다. 경제적 빈곤이 인류의 평화와 연결되는 중요한 문제라는 점을 세상에 알린 것이다.

노무현 전 대통령을 보좌하던 시절에 그분으로부터 빈곤에 대한 이야기를 들은 적이 있다. 영화 「변호인」을 본 사람이라면 알겠지만, 노무현 전 대통령은 판사를 그만두고 법률사무소를 꾸렸을 때 돈을 많이 버셨다고 한다. 그때 골프도 배우고, 요트도 탔었다. 노 대통령이 말했다.

"사람들은 내가 아주 가난했다고만 생각하는데, 나는 가난에서 벗어난 생활을 해봤어요. 그래서 가난한 시절과 그렇지 않은 시절을 비교해 보는데, 가난은 사람을 비굴하게 만들어요."

'가난은 사람을 비굴하게 만든다'라는 그 한마디 안에 그의 청춘과 그로부터의 탈출 과정, 그후 다시 가난하고 힘없는 사람들의 지도자가 된 노무현 전 대통령의 인생이 들어 있다는 생각을 했다. 그는 빈곤이 단순히 좋은 집에 살지 못하고, 멋진 옷을 입지 못하고, 맛난 음식을 먹지 못하는 차원의 문제가 아니라는 것을 경험으로 알았다. 인간으로서 갖는 평등한 존엄성을 훼손시키는 것이 바로 빈곤의 문제임을 누구보다 분명히 느끼고 있었다.

그렇다면 어떻게 해야 할까? 빈곤을 극복할 수 있는 개인적인 방법은 무엇일까?

첫 번째 과제는 일단 꿈부터 꾸는 것이다. 세상이 나의 꿈을 축소시켰다면 그것부터 회복시킬 필요가 있다. 편견과 빈곤 때문에 꿈을 포기하거나 아예 꿈조차 꾸지 않는다면, 포기는 이르다고 말하고 싶다. 꿈은 오직 꿈꾸는 자에게만 이루어진다.

꿈을 잡았으면 다음으로 그것을 위해 정진해야 한다. 꿈을 이루는 길은 시간과의 싸움이기도 하다. 포기하지 않는 것, 그리고 그 꿈을 이룰 때까지 계속 시도하는 것 말이다.

고 김대중 대통령의 별칭은 인동초였다. 대통령이 되기 전 야당 총재 시절에 그는 "나는 혹독했던 정치 겨울 동안, 강인한 덩굴 풀 인동초를 잊지 않았습니다. 모든 것을 바쳐 한 포기 인동초가 될 것을 약속합니다"라고 하면서 별칭을 얻었다. 납치, 투옥, 바다에 수장될 뻔한 위험들을 거쳐 마침내 대통령이 된 그의 인생사는 꿈을 향해 가는 한 인간의 집념을 고스란히 보여 준다.

스티브 잡스나 빌 게이츠, 마크 주커버그와는 또 다른 모습으로 나타난 미국의 영웅, 앨론 머스크(Elon Musk)는 어떤가? 그는 물리학자 출신이며, 영화 「아이언맨」의 모티브가 되었던 사람으로 유명하다. 하지만 앨론 머스크가 유명한 이유는 한계가 없는 그의 꿈 때문이다.

하늘을 나는 자동차, 바닷속으로 들어갈 수 있는 자동차, 우주로 가는 비행기 등을 만들겠다는 그의 꿈에 사람들은 엄청난

돈을 투자한다. 꿈을 꾼 자가 있고, 그것에 투자한 자들이 있었기에
SF 영화에서나 보았던 일들이 이제는 우리의 눈앞에서 매일
기적처럼 현실화되고 있다.

　　청춘에게 말해 주고 싶다. 사회적 편견과 돈에 갇히지 말라.
꿈은 마음껏 꾸어야 한다. 머릿속에 꿈이 더 자리하기 어려울 만큼
많이 꾸기 바란다. 꿈은 반드시 이루어진다. 기적이라고 여겨지는
많은 것들은 애초에 꿈을 그렇게 꾸었던 자들만 이룰 수 있는
것이다.

8

그래도 노력

'전략적 노력'이 정답이다

대학교 1학년, 중학교 3학년 조카들을 만난 날이었다. 조카들이 나의 근황을 묻기에 '노력이 중요하다'라는 이야기를 담은 책을 집필 중이라 답했다. 그랬더니 중3 조카가 놀라며 말했다.

"이모. 그런 말은 진짜 조심하셔야 해요. 청년 민란을 보고 싶으세요? 요즘 우리들이 가장 싫어하는 말이 바로 '노력'이에요."

사랑스러운 내 조카의 염려에도 불구하고 나는 노력을 강조하지 않을 수 없다. 노력이 진실이며, 방법이기 때문이다. 가진 것 없고, 기댈 데 없는 사람들에게는 특히 노력이 정답이다. 기본적으로 가진 것이 많으면 노력에 공들일 필요가 없다. 원래 가지고 있는 것들 위에 더하기만 하면 된다.

일을 하다 실패해도 집안에서 안전망을 가동해서 도와주니 금세 일어설 수 있다. 그러나 가족 내에 경제적이든 사회적이든 안전망이 없는 사람들에게는 노력이야말로 자신의 안전망을 만들어 주는 거의 유일한 수단이다.

나는 노력이 집을 짓는 과정과 유사하다는 생각을 한다. 자신이 가장 이상적으로 생각하고, 살기 편한 집의 모양새를 그린 뒤에 집이 완성될 수 있도록 과정을 밟아 나가는 것이다.

예를 들어 변호사가 꿈이라면 변호사가 되는 길에 대해 찾아보고, 공부를 비롯해 필요한 일들을 하면 된다. 의사가 꿈이라면 의학을 공부한 후 시험을 통과하면 되고, 사업가가 꿈이라면 하고 싶은 사업에 대해 사전 조사를 하고, 자금을 모은 후 회사를 설립하여 운영하면 된다.

하지만 꿈을 이루는 것은 말처럼 쉽지 않다. 꿈을 이루려면 사전 준비와 노력이 남달라야 한다.

나는 아주 어렸을 적에 태권도를 배웠다. 아버지가 태권도장 관장이셨다. 태어나 보니 집 옆에 도장이 있었고, 자연스럽게 운동하는 오빠들을 보면서 자랐다. 나도 태권도를 배우고 싶었다. 그러나 배울 수가 없었다. 내가 여자아이였기 때문이다.

내 기억 속에 부모님께 처음으로 떼를 쓰던 때가 선명하다. 네

살이던 또래 남자아이가 도장에 입관을 하던 날이었다. 아버지는 내가 나이가 어려서 태권도를 가르쳐 줄 수 없다고 했는데, 도장에 내 또래 남자아이는 버젓이 흰 띠를 매고 있는 것이 아닌가. 그 아이를 보는 순간 바닥에 털썩 주저앉아 크게 울며 떼를 썼다. 왜 나는 안 되냐며 우는 목청 소리가 너무 커서 아버지가 그만 승낙하신 것이었다.

태권도를 하는 여자아이가 거의 없던 시절이었다. 그래서 어린이 태권도 대회에 남녀 구분이 없었다. 나는 홍일점으로 세 번 대회에 나갔다. 두 번은 전국 대회, 한 번은 서울시 대회였다. 그리고 세 번의 대회에서 모두 금메달을 땄다.

태권도를 시작한 후 그만둘 때까지 단 한 번도 경기에서 패한 적이 없다. 결승에서 나에게 진 아이의 아버지가 의자를 들어 경기장에 내던진 적도 있었다. 사내 녀석이 여자에게 졌다는 것이 분노의 핵심이었다.

내게 진 아이들은 패배의 이유를 여러 군데에서 들었다. 아버지가 관장이기 때문이라는 이유도 있었고, 내가 여자라서 봐줬다는 말도 들었다. 남자들은 태권도를 하면서 낭심보호대를 차는데, 여자들은 그럴 필요가 없으니 나의 발차기가 훨씬 쉬웠을 것이라는 분석도 있었다. 좋은 운동신경을 타고났다는 이야기 등, 여러 말들이 무성했다.

그때는 나도 '내가 남들보다 재능이 있나?' 싶었다. 그러나 어른이 되어 그 시절의 나를 돌이켜 보면 답은 재능이 아니라 노력에 있었던 것 같다.

나는 태권도를 시작한 이후 그만둘 때까지 단 하루도 운동을 거른 날이 없다. 아버지는 처음에 내가 태권도를 배우는 것에 반대했지만, 일단 가르치기 시작하자 남다른 노력을 요구하였다.

아버지의 트레이닝은 혹독했다. 나는 경기 출전일이 가까워지면 식단을 조절하며 운동량을 더 늘렸다. 운동량은 늘어났지만 체중 조절 때문에 많이 먹지 못했다. 그래서 늘 배가 고픈 채로 살았다. 체급별 경기에서 동점이 나왔을 때 체중이 승패를 갈랐기 때문이다. 같은 급에서는 저체중인 사람이 승자였다.

철저한 체중 관리를 위해 아버지는 어린 나를 사우나에 보내셨다. 덥고 지루한 탕 안에서 일정 시간을 채우고 나와야 했다.

그것뿐만이 아니다. 등교를 할 때면 양쪽 종아리에 모래주머니를 찬 채로 걸어갔다. 수업 시간에도 모래주머니를 찼고, 마을 산꼭대기에 있는 집까지 그걸 차고 오르내리기를 했다. 모래주머니를 푸는 날은 경기 당일 아침이었다. 다리에 찬 모래주머니가 풀리면 다리가 날아다니는 느낌이었다.

역삼동 국기원에서 열린 경기 당일 아침에 친구의 어머니가 건네준 김밥 한 개를 입에 넣다가 아버지에게 들키고, 그것을 입에서 꺼내야 했던 날도 기억에 생생하다. 아버지에게 크게 혼난 나는 구석에 가서 펑펑 운 뒤에 경기에 출전했다. 금메달을 딴 후에 해가 지고 나서야 나는 자장면을 실컷 먹을 수 있었다.

나는 매일 다른 아이들과의 정규 운동 시간 외에 한두 시간씩 더 운동을 했고, 나의 약점과 상대의 강점에 대한 분석을 바탕으로 이기는 기술을 익혔다.

경기 외에도 시범 공연을 많이 하러 다녔다. 교도소에서 무기 사형수 앞에서도 시범을 했고, 최전방 국군 부대에도 갔었다. 고아원, 양로원, 산간벽지 학교뿐만 아니라 한국을 방문하는 외국 국가 원수들 앞에서도 시범을 했다.

아버지는 매일 한마디 말씀만 반복하였다. "연습해라. 한 번의 시범을 위해 백 번의 리허설을 해야 한다." 나와 태권도 시범을 보이는 친구들은 매일 같은 동작을 반복하고, 고난도 시범 종목들을 연습했다.

매일같이 이어지는 연습과 경기, 시범 대회에 나가 송판과 기왓장을 깨면서 하루도 다리에 멍이 가신 날이 없었다. 기왓장을 뒤돌려차기로 깨는 일이 많았던 탓에 늘 발뒤꿈치에 멍이 들었다. 격파가 될 때보다 안 될 때, 발뒤꿈치는 더욱 아팠다. 관중들 앞에서는 아무렇지 않은 척하며 무대에서 빠져나온 뒤에 발뒤꿈치를 잡고 울었던 적도, 운다고 혼난 적도 많다. 눈물을 참고

다리를 절룩거리며 집으로 돌아오면, 어머니는 약을 발라 주며 안타까워하셨다.

어느 날 멍의 숫자를 센 적이 있다. 모두 오십 개였다. 나는 신기록이라도 세웠다는 듯이 어머니를 찾았다.

"엄마, 나 멍이 오십 개예요!"

내 인생에서 그때만큼 노력했던 적은 없었던 것 같다. 그 시절 이후로의 삶은 노력을 다하지 못한 나에 대한 반성의 연속이다.

나의 태권도 사례가 유치해 보인다면 세계적인 탁구선수였으며 현재 IOC 위원인 유승민 씨의 이야기를 해보자. 그를 만났을 때 성공의 비결이 무엇인지를 물었다. 그는 1초도 주저 없이 말했다.

"노력입니다."

그는 선수 시절에 '탁구 천재'로 불릴 만큼 타고난 재능으로 유명했는데, 그의 답은 달랐다.

"남들은 저를 탁구 천재라 하지만, 저는 천재가 아닙니다. 제가 우승한 게임보다 진 게임의 숫자가 훨씬 많습니다. 저는 한 번의 우승 이전에 수없이 패배했던 사람입니다. 제가 IOC 위원도 단번에 되었다고들 하지만, 저는 유권자 중 오직 1/10의 지지를 받아서 위원이 되었습니다. 그 1/10을 받기 위해 저를 모르는 선수들을 향한 제 노력은 이루 말할 수 없습니다."

2018년 평창올림픽 금메달리스트 윤성빈 선수의 성공비결도 노력이었다. 그는 한 인터뷰에서 "비결은 그냥 노력이에요. 정말 잘하고 싶다는 마음을 갈구하다 보니 여기까지 왔다"고 말했다. 빙속 500미터 금메달리스트 고다이라 나오 또한 '후회없이 최선을 다하라'는 아버지의 말씀을 지표로 어려운 환경을 극복해 내었다.

나는 성공한 사람들을 수없이 만났지만, 그들 중 노력 없이 타고난 재능으로 무언가를 이루었다고 말한 사람을 본 적이 없다.

흙수서와 금수저로 사람을 나누고 자신은 흙수저라 할 수 있는 일이 없다며 신세 한탄만 한다면, 스스로를 더욱 초라한 모습으로 몰아갈 뿐이다. 내가 바닥을 헤매고 다닐 때, 한 어른이 이야기했다. 자기는 노력하면 된다고 말하는 사람이 가장 싫다고, 이 세상은 노력으로 이루어지지 않는다고 말이다. 나는 그 어른에게 대들지 못하고 속으로 중얼거렸다.

'그래도 나는 믿을 거예요. 노력하면 성공한다는 것을!'

그 믿음과 희망마저 없었다면, 빈주먹이던 내가 어떻게 꿈을 가질 수 있었겠는가. 꿈이 없었다면 노력조차 하지 못했을 것이다. 노력하면 된다는 믿음을 십자가처럼 등에 지었기 때문에 나는 이만큼 걸어올 수 있었다고 생각한다.

9

1%에 대한

적개심만으로는
세상을 바꿀 수 없다

언론사 입사 1년차인 스물여섯 살 기자 A, 이 친구는 요샛말로 '금수저'다. 집안도 부유하고, 정치 권력을 가진 부모님과 함께 산다. 그와 함께 만난 언론사 입사 9년차인 서른다섯 살 기자 B는 자칭 '흙수저'다.

A와 B, 나 이렇게 셋이 모여 저녁식사를 할 기회가 있었다. 내가 책의 주제가 '노력'이라고 말하자 조카들과 마찬가지로 A와 B 모두 고개를 크게 흔들며 절대 쓰지 말라고 말린다.

"선배님 SNS 안 하시죠? '노력' 이야기하면 큰일 납니다."

A, B는 나에게 "왜 이러느냐", "폭탄 맞는다"라며 가급적 그러한 이야기들은 피하라고 조언했다. 남은 인생을 편히 살려면

청춘들에게 '노력'이라는 말은 하지 말라는 것이다.

A가 말했다.

"선배님, 요새는 노력도 재능이라고 합니다. 노력도 물려받은 것이 있어야 가능하다는 뜻입니다."

노력에 대한 조언들이 오고 가다 결혼 문제로 이야기가 흘렀다. A가 먼저 말했다. 부모님이 원하는 부유한 여성과 자신이 좋아하는 가난한 여성이 있는데, 마음이 반반이라는 것이다. 그러자 B가 "흙수저는 양다리는 고사하고 연애 자체도 힘들다"라며 한숨을 쉬었다.

내 눈 앞에서 선명하게 대비되는 스물여섯 살 금수저의 여유 있는 인생과 서른다섯 살 흙수저의 비관은 우리 사회의 흙수저·금수저 논란의 단면처럼 느껴졌다.

우리 사회에 흙수저·금수저 이야기가 돌면서 흙수저와 성공은 거리가 멀다고 말할 때, 나는 흙수저로서 성공한 사람이라는 자부심 같은 것이 있었다. 내 주변에 다른 흙수저 출신 성공인들을 찾아보기도 하고, 금수저들을 보면서 속으로 열심히 노력하고 여기까지 올라왔으니, 내가 더 괜찮은 인생을 산 것은 아닌가 싶기도 했다.

눈치가 없어서 이런 생각을 한 것은 아니다. 몇 해 전이었다. 한 언론사에서 여성을 위한 멘토링 강연을 해달라는 연락이

왔다. 처음에는 거절했다. 그러면서 다른 성공한 커리어 우먼들을 소개시켜 주자 언론사에서 다시 연락이 왔다. 강연자가 꼭 나여야만 한다는 것이다. 이유를 물었다. 그랬더니 성공한 남자들 중에는 흙수저 출신이 많은데, 성공한 여자 중에 흙수저 출신은 거의 없기 때문이란다. 게다가 이 강연은 흙수저 출신 여자 어른이 젊은 여성들에게 주는 멘토링으로 기획했다는 것이 언론사의 요지였다.

상황이 여의치 않아 결국 강의를 수락하지 못했지만, 그 이야기가 내 귀에서 오래 떠나지 않았다. 실제로 성공한 주변 여성들을 찾아보니 그들 대부분은 여유 있는 집안 출신들이었다. 내심 부끄러웠던 나의 가난한 삶이 갑자기 자랑스러워졌다. '너 여기까지 오느라고 고생 많았다'라고 스스로에게 칭찬을 해주었다. 빈곤을 벗어나 성공한 자수성가 여성이라는 훈장이 가슴에 달린 기분이었다.

어려운 상황에서도 스스로 성공했다는 자만에 빠져 나는 어머니 앞에서도 으스댔다. 내 힘으로 공부하고, 유학 가고, 무엇이든 내가 했다는 것을 강조했다. 그러던 어느 날부터 어머니가 굉장히 미안해하는 것이 느껴졌다. 등록금도 직접 벌면서 학교를 다녔다고 말할 때마다 어머니의 목소리는 작아졌고, 가뜩이나 작은 어머니의 몸이 움츠러 드는 것이 느껴졌다.

그때는 전혀 알지 못했다. 내 이야기가 어머니의 마음을 얼마나 아프게 했는지 말이다. 내가 흙수저 출신이라고 말할 때마다 어머니께서 가난 때문에 자식의 앞날을 더 키워 주지 못했다는 자책감에 빠진다는 것을 뒤늦게 알았다. 어머니의 가슴을 후벼 파고 있음을 깨닫자 내 무덤을 파고 싶은 심정이 되었다.

2017년 대선이었다. 대통령 후보 중 한 명이 "자신의 어머니는 까막눈이고, 아버지는 경비원이었기 때문에 자신은 흙수저 출신"이라는 말을 자주 했다. 나는 방송에서 그 말이 나올 때면 어머니의 눈치를 살폈다. 어머니가 혼잣말처럼 중얼거렸다.

"그 말을 듣는 부모의 가슴은 얼마나 아플까."

신분사회를 표현하는 '수저론'은 '입에 은수저를 물고 태어나다'라는 서양 속담에서 비롯됐다. 우리 사회에서 '흙수저'라는 표현은 돈과 사회적 지위의 결핍을 축약한 말이다. 풀어서 말하면 가난하고 많이 배우지 못한 부모 밑에서 태어나 고생한다는 말을 줄인 것이다.

이것은 빈부 격차가 극심하게 벌어진 우리 사회의 분노를 고발하는 말이 되었다. 맞는 말이다. 흙수저의 세상과 금수저의 세상은 하늘과 땅 차이다. 먹고, 자고, 입고, 노는 모든 것이 다르다. 진학하는 학교, 취직하는 기업, 요새는 사는 공간까지 다르다. 결혼하는 상대도, '금쪽 같은 내 새끼'의 요람도 다르다.

불평등한 세상이라고 탄식하기 전에 하나만 더 생각해 보자. 수저 구분, 아니 빈부 격차와 불평등 없이 살던 시절이 과연 있었을까?

언제나 격차는 있었다. 우리나라뿐 아니라 전 세계가 그랬고, 역사 전체가 그랬다. 귀족과 천민이 나뉘고, 주인과 노예가 있었다. 태어날 때부터 정해진 신분으로 만들어졌던 '다름'이 이제는 물질에 따른 '다름'이 되었다.

물질은 축적에 그치지 않고, 삶의 기회까지 좌우한다. 그래서 기회의 평등이 부서진다. 같은 기회라도 금수저 사이에서는 풍성하지만, 흙수저들에게는 부족하다.

이 상황을 어떻게 헤쳐 나갈 수 있을까? 흙수저에서 금수저가 되는 길은 아예 없는 것일까? 끊임없는 노력이 산을 옮긴다는 고사, 우공이산(寓公離山)은 이제 사라진 말이 된 것일까?

어떻게 하면 나를, 이웃을, 사회를 변화시킬 수 있을까?

1퍼센트가 99퍼센트를 지배하는 이 세상에서 사회적으로 집중된 1퍼센트를 점차 확장시켜 1퍼센트를 2퍼센트로 늘리고, 2퍼센트를 4퍼센트로 확산시키면서 부의 편중성을 줄일 방법은 없을까?

전략 없는 분노는 무모하다. 대안과 구체적인 이유 없이 1퍼센트에 적개심만 가진다면 더 나은 세상을 만들기가 어렵다.

인정하자. 자본주의 시장은 '이기적으로' 작동한다. 그 시장에서 금수저는 구조상 몰락할 수가 없다. 대신 더 강력한 다이아몬드, 티타늄 수저가 되기 위해 기를 쓸 뿐이다. 그러니 올라가야 한다. 올라가서 그 1퍼센트를 2퍼센트로 만들고, 2퍼센트를 4퍼센트로 만들어야 한다. 그렇게 그곳을 확장시킴으로써 부의 편중을 막아야 한다. 올라갈 길을 청춘이 만들어야 한다. 사회적인 방법과 개인적인 방법, 할 수 있는 방법을 모두 동원해야 한다.

사회적 방법은 국가 정책이다. 법과 제도, 규정 그리고 국가적 계획들을 통해 우리들이 올라갈 수 있는 길의 폭을 넓힐 필요가 있다. 법과 제도들은 직접 바꾸기는 어렵지만, 정치인들을 활용할 수 있다. 입법·사법·행정 기관들에 우리가 살 수 있는 방법을 꾸준히 제안하고, 그들이 제대로 길을 터 주는지 감시하면 된다.

개인적 방법은 이 책 전체에서 귀가 따갑게 듣게 될 '노력'이다. 꿈을 가지고, 준비하고, 노력하자. 자신이 가진 가능성을 수저가 규정하도록 놓아둘 것인가? 부모님의 처지와 자신의 상황을 연결 짓고, 모든 책임을 부모님께만 돌린다면 결국 아무것도 해결할 수가 없다.

이 말을 할 수 있는 이유는 나 자신도 오랫동안 처지를 한탄하고 부모님의 빈곤한 삶을 서운해하던 전과가 있기 때문이다. 나 역시 친구의 아버지와 내 아버지를 비교하고, 친구의 집과

내 집을 비교하고, 친구의 예쁜 옷과 내 헌 옷을 비교하고, 내
가능성을 보는 대신 매일 남과 비교했다. 내가 조금만 더 좋은
환경에서 태어났더라면 이토록 고생하며 살지는 않았을 것이라고
생각했다.

늘 남 탓이었다. 그런데 내 젊은 날이 힘들었던 원인을 한
줄로 세웠을 때, 정말 부모님이 맨 앞에 있을까? 지금은 공부가
부족하고, 노력을 하지 않는 자신에 대해 부모님을 앞세워
자기변명을 하기에 급급했던 것은 아닌지 돌아보게 된다.

아버지는 열다섯 살에 부모님을 모두 잃고, 동생들을 보살피며
살았다. 어려운 시절을 보냈다. 군대에 가서 태권도를 배운 후,
태권도 관장이 되었다. 어머니를 만나 단칸방에서 가정을 꾸렸다.
관원들이 모여들면서 아버지의 도장이 커졌다.

아버지의 제자들이 전국 태권왕 자리를 휩쓸면서, 아버지는
서른여덟 살에 우리나라 최초의 어린이 태권도 시범단을 꾸려
미국을 순회하며 공연했다. 아버지의 이름이 사방 언론에 올랐다.
일본, 미국 등에서도 아버지의 태권도 시범단을 취재하러 한국에
왔다.

아버지는 매달 버는 돈을 사회에 돌렸다. 고아원, 양로원,
산간벽지를 돌아다니며 태권도 시범을 하고, 그곳에 쌀가마를

보냈다.

　남한이 북한보다 가난했던 1970년대의 일이다. 아버지는 배고프고 힘든 사람들을 보면 입던 옷도 벗어 주셨다. 태권도 조직의 수장을 맡으면서도 한 점 사리사욕 없이 임기를 지낸 태권도계의 청백리로 지금도 회고된다. 덕분에 우리 가족은 늘 어려웠다. 아버지가 돈을 못 벌어서 가난한 것이 아니라, 번 돈을 모두 남에게 가져다주셔서 어려웠다.

　경기도 한 작은 마을에서 살다 돌아가신 아버지의 상여에 그 마을 할아버님들이 따라나섰다. 거동이 불편한 할아버님들의 동행을 걱정하자 그분들이 말씀하셨다. "이 관장은 내 아들보다 더 나를 극진히 보살펴 주었던 사람이오. 내 자식보다 더한 사람이 갔는데 내가 그 길을 끝까지 가 주어야 하지 않겠소."

　돌아가시기 전, 병상에 오래 누워 계시던 아버지가 겨우 몸을 움직여 마지막 순간까지 한 일이 있다. KBS 「전국노래자랑」의 열혈 팬이었던 아버지는 십여 년 동안 그 프로그램을 항상 시청하셨는데, 보시면서 꼭 전화로 천 원씩 성금을 보내곤 하셨다. 돌아가시기 전에도 아버지는 천 원을 보내고 떠나셨다. 돌아가시기 전 유언은 다음과 같다.

　"나는 이 세상에 와서 당신과 아이들을 만나 참 행복하게 살다 가오. 나는 후회가 없소."

이것이 내 아버지 64년 일기의 한 축이다. 아버지의 업적에 비해 턱없이 모자라는 나의 인생 일기장을 보면 헛웃음이 난다. 그토록 노력했지만, 나는 아버지가 30대에 이룬 명예와 삶의 마지막까지 지켰던 아버지의 덕성에 견줄 수 없이 부족한 인간이다. 아버지가 나보다 훨씬 위대한데, 왜 늘 아버지를 무시했을까? 왜 아버지를 원망하고, 싫어하고, 창피해했을까?

나, 불효 전과자는 지금 갱생의 길을 걷고 있다. 청춘들은 나와 같은 후회를 하지 않기 바랄 뿐이다. 부모님 앞에서 자신을 흙수저라 일컬으며 자신의 처지를 비관하여 부모의 가슴에 대못을 박지 않았으면 좋겠다.

가난이 상처가 될 만큼 너무 힘든 청춘들에게 꼭 전하고 싶은 말이 있다. 나는 보석 중에서도 진주를 좋아한다. 진주는 상처를 품은 조개에서만 생기기 때문이다. 상처가 그토록 아름다운 보석을 만들어 낼 수 있다니 신기하기만 하다.

일부러 고생하고 상처를 만들며 살 필요는 없다. 그러나 세상을 향한 꿈이 큰 사람, 특히 남들을 돌보고 위하며 살겠다는 사람들은 반드시 상처를 품어 보아야 한다고 믿는다. 아픔을 경험해 보지 않은 사람은 남의 아픔도 알기 어렵기 때문이다.

사람들은 자신의 불행을 '환경 탓'으로 많이 돌린다. 그

중에서도 가난은 가장 큰 '탓'이다. 그러나 이 세상에서 진정으로 성공한 사람은 부자보다는 가난한 이들이었다는 사실을 생각해 보면 어떨까? 시련은 사람을 더욱 강인하게 만든다.

　행복이 유복한 환경과 부모의 재산에 달려 있을까? 어느 한 시절 나도 돈과 지위가 행복을 선물해 준다고 믿었던 적이 있다. 그러나 이제 행복은 자신이 인생을 어떻게 생각하고, 만들어 갈지를 결정하는 한 사람의 철학과 인생관에 달린 것 같다. 누군가 흙수저·금수저로 사람을 나누고 있다면, 힘 뺄 필요 없이 지나치시길. 자신이 어떤 방법으로, 어떤 행복감을 가지고 살아갈지에 생각을 집중해야 하는 시기가 바로 청춘이니까.

10

피해야 할 존재가 아니라
극복해야 할 존재

정확히 어느 시점인지는 잘 모르겠지만, 언젠가부터 나는
고통스러운 일들을 크게 두려워하지 않게 됐다. 내 인생의 어느 한
순간에 일어난, 당시에는 고통스러웠던 일들이 결국 더 나은 나를
만드는 데 밑거름이 된다는 것을 경험으로 알게 된 때문이다.

나 역시 평범한 인간이기에 고통을 피할 수는 없다. 그러나
고통을 회피하기 위해 도망다닐수록 고통의 강도는 점점
강해진다는 것을 알게 된 후, 고통을 적극적으로 만나겠다고
결심했다. 그후부터는 고통스러운 일이 있다면 방법을 찾아내어
극복하겠다고 생각을 전환했다. 물론 고통을 해결할 방법이 바로
생각나는 경우는 많지 않다. 그러니 방법이 생각날 때까지 계속

생각하는 수밖에 없다.

나는 먼저 상황의 실제를 객관적으로 보기 위해 나를 떼어
내고자 노력한다. 또한 감정과 이성을 분리시키려 애쓴다. 그다음
사건의 인과를 깨달을 때까지 생각의 추를 놓지 않는다. 일상이
바쁘면 가슴 안에 묻어 두었다가 틈이 날 때 다시 꺼내어 생각한다.
몇 달이 걸리기도 하고, 몇 년이 걸리기도 한다. 그러다 깨달음이
오면 고통을 떠나보낸다. 심지어 "고마웠어. 친구야. 잘 가" 하고
혼잣말까지 중얼거리며 말이다.

고통은 아프다. 아픈 것은 아픈 대로 받아들여야 한다. 너무
힘이 들어 눈물을 흘릴 때, 그런 일로 우느냐며 친구가 한마디 하면
이렇게 답한다.

"아프니까. 아플 땐 우는 게 맞잖아."

울면서도 고통의 순간에 감사하고, 이것이 내일의 나를 더
큰 나로 만들어 주리라는 확신을 갖게 된 것은 오직 경험을
통해서이다.

하고 싶은 일을 하지 못하고, 원하는 것을 갖지 못하고, 그래서
그것이 인생의 끝일지도 모른다는 불안감이 가득 차 있던 나의
20대. 어느 날은 아침에 제발 눈이 떠지지 않기를 바라는 마음으로
잠자리에 누워 밤새 천장만 쳐다보며 울기도 했다. 그때는 '더
큰 것, 더 좋은 것'에 대한 집착과 욕심, 이기적 경쟁심이 극에

달했다. 내가 남보다 먼저 성공해야 한다는 강박관념에 사로잡혀서 헤어나질 못하고 있었다.

유학을 마치고 구직하던 시절의 일이다. 미국에서는 직장이 없으면 의료보험에 가입하기가 매우 어렵다. 대학원 졸업 후 취직이 될 때까지 나는 의료보험제도 안에 없었기 때문에 아픈 것도 걱정거리였다. 그런데 그만 병에 걸리고 말았다. 가슴이 뛰고 손이 파르르 떨렸다. 음식을 먹는 데도 체중이 계속 줄더니 42킬로그램까지 내려갔다. 뭔가 이상하다고 생각하여 의료보험에 가입하지 못한 최하위 계층 사람들을 위한 보건소에 찾아갔다. 집 없는 부랑자, 알코올 중독자들과 함께 진료 순서를 기다렸다.

의사 선생님은 부어오른 내 목을 보며 갑상선 기능 항진증이라고 말했다. 정확한 원인은 없으나 주로 스트레스가 심한 여성에게 생기는 병이라고 했다. 병이 심해지면 눈알이 점차 튀어나오고, 체중이 지속적으로 빠지며, 피부가 코끼리 피부처럼 된다는 설명을 듣고는 덜컥 겁이 났다. 그러나 그 순간에도 나를 괴롭히는 것은 몸보다 정신이었다. 너무 괴로워하자 한 미국인 친구가 심리상담 의사를 찾아가라는 조언을 해주었다.

"마음의 괴로움이 많을 때 카운슬러의 도움을 받는 것은 현명한 일이야. 이런 식으로 아무런 도움도 받지 않고 네 자신을 혹사시키는 것은 위험한 짓이야."

심리상담 의사를 찾아가 내 고통을 털어놓았다. 난 잘난 사람이고 남보다 더 잘되어야 하는데, 하찮은 존재처럼 지내고 있는 것을 견딜 수 없다는 내용이었다. 사실 나의 좌절감은 이민자들의 보편적 모습이기도 했다. 한국에서의 삶과 지위가 미국에서도 온전히 보장받을 수 있는 것은 아니었다. 이민자들에게 미국은 정말 맨주먹으로 자신을 다시 증명해야 하는 곳이었다.

두 번에 걸쳐 신세 한탄을 모질게 하고 세 번째로 심리상담 의사를 찾아가기로 약속해 놓았는데, 블룸버그에 합격되자 마음의 괴로움은 순식간에 사라져 버리는 듯했다. 나는 바로 뉴저지로 날아갔다. 좋은 병원에서 병도 깨끗이 치료했고, 마음의 병도 그 순간에는 사라졌다. '난 일벌레니까 일만 잘할 수 있으면 고통이 없어지는구나'라는 생각이 당시의 가벼운 깨달음이었다. 그러나 고통에 대한 더 큰 깨달음은 취직이 안 되고 있던 때의 고통보다 몇 배는 힘들었던 청와대 생활을 통해 얻었다.

청와대에서의 생활은 보람이 있었지만 쉽지 않았다. 전 국민의 눈과 귀가 쏠려 있고, 비판과 비난 속에서 칭찬은 눈 씻고 봐도 찾을 수 없었다. 대통령의 말 한마디와 비서실 사람들의 행동 하나하나가 백주에 벌거벗은 몸으로 대로에 서 있는 듯 낱낱이 드러났다. 하지만 그런 것들은 견딜 만했다. 업무상 일의 잘잘못으로 인해 받는 비난은 일하면서 누구나 겪는 통증이었다.

나는 그러한 부분에 대한 맷집은 셌다. 더군다나 대통령이 겪는
고통들에 견주면 비서진이 겪는 고통은 크지 않았다. 내가 죽을
만큼 괴로웠던 것은 일 외적인 부분에서 왔다.

자문하고 또 자문했다. 상식이라고 생각했던 일이 상식적으로
받아들여지지 않고, 바르다고 믿는 것이 바르지 않은 것처럼
호도되고, 내 존재 자체가 부정되는 일이 반복되어 일어나던
어느 날이었다. 거울을 보는데 문득 나 자신이 낯설게 느껴졌다.
자신감은 온데간데없고, 거울에 비친 나는 동공이 퀭하니 풀리고
생기를 완전히 잃어 초라하고 낯설기만 한 이방인이었다. 겁이 와락
났다. 왜 그러한 일들이 나에게 발생하는지 집중적으로 고민했다.

그러던 어느 날 해질 무렵이었다. 당일 업무를 마친 뒤 청와대
앞 대정원 길을 걷고 있었다. 그날 마지막 일정에 한 부처의 업무
보고가 있었는데, 내가 모르던 것을 많이 배워서 은근히 기분이
좋았다. 길을 걷던 중 햇살에 비치는 먼지가 내 눈에 들어왔다.
천천히 춤을 추듯, 물 위에 뜬 돛단배처럼 공중에서 부유하는
모습이었다.

'아, 나는 저 먼지로구나.' 깨달음이 쏟아졌다.

'내가 그동안 거만했구나. 나는 아무것도 아닌 것을. 남과
나를 비교하고, 그들보다 더 나아 보이기 위해 무진장 애를 쓰며
살았구나. 내 마음속에는 남을 얕잡아 보면서 나에 대한 우월감,

욕심, 집착이 가득 차 있는데 괴로움이 없을 수 있을까? 모든 교활함, 거만함이 내 마음에서 일었던 것이구나. 저 먼지처럼 나는 지구상에 살아가는 수없이 많은 범부 중 한 명이고, 그렇게 살다 훅 불면 날아가 버릴 미미한 존재인 것을 두고 집착과 아집과 내 눈으로 보는 것에만 천착하는 바보짓을 하고 살았구나…….'

나 자신이 미물임을, 아무것도 아닌 존재임을 느낀 그 순간처럼 기분이 좋았던 적은 드물다. 나는 지금도 그날의 희열을 잊지 못한다. 나 자신을 가장 낮은 곳에 두고 스스로 그것을 인정했을 때 보이는 세상은 나 자신을 가장 높은 곳으로 끌고 가겠다고 아등바등하던 때의 세상과 달랐다. 나는 마음의 평화를 얻었다.

청와대는 정치와 정책 측면에서 나를 성장시킨 것 이상으로 인간사에 관해서도 깊은 성찰을 하도록 이끌어 준 최고의 교육장이었다.

이 책에서 전하려는 내 삶의 방식들은 대부분 청와대 생활에서 정리된 것들이다. '진인사대천명(盡人事待天命)'이라는 좌우명을 갖게 된 것도, 버려야 할 것을 버릴 줄 아는 마음을 갖게 된 것도, 결단력을 기른 것도, 배포를 키운 것도, 나와 다른 사람을 있는 그대로 보고 이해하고자 노력하게 된 것도 모두 그곳에서의 경험들이 큰 도움이 되었다.

죽음을 생각할 정도의 고통을 느끼면 많은 사람이 자살을 떠올린다. 그러나 고통을 이겨 내면 그 사람은 반드시 성공하게 되어 있다. 고통스러운 순간들은 그것을 어떻게 극복하느냐에 따라 인생 최대의 선물이 되어 주기도 하는 고마운 존재인 것이다.

고통스러운 일이 생기거든 고통의 원인을 찾고, 그것의 해결책을 찾는 데 정신을 집중하자. 고통 자체에 눌리지 말고 고통을 친구처럼 곁에 두면서, 고통으로부터 배울 점을 찾는 데 공을 들이면 그토록 피하고 싶었던 고통이 결국 친구처럼 다가올 것이다.

사회적 편견과 돈에 갇히지 말라. 꿈은 마음껏 꾸어야 한다. 머릿속에 꿈이 더 자리하기 어려울 만큼 많이 꾸기 바란다. 꿈은 반드시 이루어진다. 기적이라고 여겨지는 많은 것들은 애초에 꿈을 그렇게 꾸었던 자들만 이룰 수 있는 것이다.

사회적 편견과 돈에 갇히지 말라.

꿈은 마음껏 꾸어야 한다.

머릿속에 꿈이 더 자리하기 어려울 만큼

많이 꾸기 바란다.

꿈은 반드시 이루어진다.

기적이라고 여겨지는 많은 것들은

애초에 꿈을 그렇게 꾸었던 자들만

이룰 수 있는 것이다.

3

운명의 막대기가 날 내려쳐
내 머리 피투성이가 되어도
나는 굽히지 않으리.

Under the bludgeonings of chance
My head is bloody, but unbowed.

– 윌리엄 어니스트 헨리, 「인빅터스」 중에서

11

묻고 또 물어라

WHY

사실 청춘들이 '노력하라'는 말에 왜 분노하는지 이해할
수 있을 것 같다. '노력하라'는 말의 맥락을 가만히 들여다보면
어른들이 청춘들을 비난하는 것처럼 들리기 때문은 아닐까 싶다.

누구든 한 번쯤 "게을러 터졌다", "네가 노력을 안 하니까
그렇지" 같은 말을 어른들로부터 들은 적이 있을 것이다.

청춘이 화를 내는 이유는 간단하다. 어른들이 시키는 대로
했는데 특별한 것이 없다. 오히려 세상을 엉망으로 만든 어른들
스스로가 반성해야 할 것 같은데, '노오력'이 부족하다며 '청춘
탓'을 하니까. 흙수저·금수저라는 표현도 잘 살펴보면 '노력하라'는
말에 대한 청춘들의 집단적 저항이라고 볼 수 있다. 어른들이 좋은

환경을 주지 않았기 때문에 본인들이 흙수저가 됐지, 본인들의 노력이 부족해서 흙수저가 된 것이 아니라는 의미다.

결국 애꿎게도 착한 단어 '노력'만 어른과 청춘들 사이에서 잘 안 풀리는 상황에 대해 자기책임을 회피하는 표현으로 사용되고 있다. 어른들이 수세기 동안 만들어진 지배적 관계를 이용하여 '노력'을 강요할 때마다, 청춘은 '노력'에 분노하며 아주 작은 저항을 하는 중이다.

집안 환경이 열악한 것을 넘어서 나라 환경마저 열악하니 청춘들이 힘이 날 리가 없다. 내가 젊은 시절에는 나라의 경제성장률이 7~8퍼센트였으나 요즘은 2퍼센트 대에 불과하다. 미국이나 영국 등 서구 선진국들도 '저성장국가' 시대로 접어들면서 청년실업 문제가 한참 전부터 대두됐다. 한국도 이미 저성장국가로 들어선 지 오래다.

유럽 선진국처럼 복지라도 좀 괜찮으면 모를 텐데, 우리나라는 복지 프로그램도 좋지 않은 편이다. OECD 국가 대비 좋은 지표보다 나쁜 것들이 더 많다. 근로시간은 긴데, 임금은 적다. 눈 질끈 감고 싶지만, 그게 우리의 현실이다.

이를 극복하지 않으면 이 나라의 청춘들은 고생의 악순환을 멈출 수가 없다. 그러려면 노력이 필요한데, 노력도 목적이 있어야 하고 그에 따른 전략이 수반되어야 효과적인 결과를 만들 수 있다.

그런데 어른들이 노력에 WHY와 HOW가 필요하다는 이야기를
거의 하지 않는다.

어른들이 "너희는 노력을 안 한다"라며 핀잔을 줄 때, 그들
중에 왜 노력해야 하고, 어떻게 노력해야 할지를 친절히 안내해
준 사람들이 얼마나 될까? 독서실에 오래 앉아 있다고 시험을
잘 보는 것이 아니고, 하루 종일 편의점에서 일했다고 돈을 많이
벌 수 있는 세상이 아니다. 열심히 학원에 다니며 공부했는데,
대학수학능력시험 만점을 받은 학생을 인터뷰해 보면 하루 7시간
꼬박 자고 집에서 공부했다는 기사가 신문을 채운다.

노력, 곧 시간을 들이고 공을 들이려면 전략이 필요하다.
'왜'와 '어떻게'를 바탕에 둔 노력을 해야 한다는 말이다. WHY와
HOW가 없는 노력, 곧 하고 싶은 일에 대한 분석과 전략이 없는
노력은 시간 죽이기다. 청춘의 낭비다. 일을 할 때 항상 '왜'와
'어떻게'를 생각하는 것이 좋다. 이는 일상에서 깨어 있기 위해서도
필요하다.

WHY부터 보자. 이것은 매크로(macro) 질문과 마이크로(micro)
질문으로 나누어 볼 수 있다. 먼저 자신의 인생을 총체적으로
보는 WHY를 찾기 바란다. 나는 어디에서 왔으며 어디로 향하고
있는가와 같은 아주 원초적인 질문이다. 나는 어떤 삶을 살고

싶은지 자문해 보고, 왜 그 삶을 원하는지 생각해 보는 것이다.

나는 어린 시절에 기자가 되고 싶었다. 당시 사회 환경에서 기자는 여성이 할 수 있는 가장 적극적인 사회 활동이었다. 나는 사회에 참여하며 내 목소리를 전달하고 싶은데, 그것을 이룰 수 있는 최적의 환경이 바로 기자였던 것이다.

그러면 왜 사회에 참여하고 싶은가? 사회를 바꾸고 싶었기 때문이다. 왜 바꾸고 싶은가? 정의롭지 못하고, 민주적이지 못한 사회라고 느꼈기 때문이다. 정의롭지 못하고 민주적이지 못한 것은 우리 사회에 왜 해악을 주는가? 그러한 사회는 인권을 침해하기 때문이다. 인권은 왜 침해되면 안 되는가? 그것은 누구도 침해할 수 없고, 존중해야 하는 인간의 기본권이기 때문이다.

자신에게 끊임없이 질문을 던지며 근본적인 생각들을 향해 들어갈 수도 있고, 거꾸로 내가 가장 소중하게 여기는 가치를 사회적으로 실현할 수 있는 수단이 무엇인지 물으면서 나오는 방법을 써 볼 수도 있다.

WHY라는 질문을 스스로에게 던지다 보면, 자신이 정말 원하는 것이 무엇인지 알 수 있다. 이것은 집을 구할 때의 마음가짐과 똑같다. 어떤 이들은 집값이 오르는 동네로 몰려가 집을 산다. 어떤 이들은 자기가 원하는 집의 모양과 살기 좋은 동네를 고른다.

투자용으로 집을 구매하면 사고팔기가 쉬워져 수익 면에서 좋을지도 모른다. 그러나 그 집이 만족감을 보장해 준다고 말하기는 어렵다. 반면에 자기가 살고 싶은 집을 구매한 사람은 그 집에 오래 살면서 매일의 생활에 만족할 수 있다. 행복감을 가지고 사는 것이다.

우리가 지금 이 책에서 왜 이러한 이야기들을 나누고 있을까? 다들 행복을 원하기 때문이다. 성공도, 좋은 직장도, 잘 살기 위해 애를 쓰는 것도 모두 다 행복해지고 싶기 때문이다. 그런데 행복을 원한다고 하면서 모든 일을 판단할 때 자기만의 철학과 가치는 놓아둔 채 군중들에게 휩쓸린다. 그러다 보니 자기만의 행복을 찾기 어려운 건 아닐까?

나는 창업하려는 이들에게 항상 던지는 질문이 있다.

"사장님께서는 회사에 대해 어떤 철학을 가지고 있고, 이 회사가 어떤 회사가 되었으면 좋겠는지요?"

놀랍게도 이 질문에 답을 가진 사람은 그리 많지 않다. "돈이 될 것 같으니까"라는 대답이 가장 많다. 그들의 모든 관심은 회사를 꾸리면 돈을 얼마나 벌 것인지에 쏠려 있다. 당장의 수익만을 생각하는 이들에겐 5년 후, 10년 후 회사에 대한 비전이 없기 십상이다.

회사가 만들어지고, 직원이 채용된다고 끝이 아니다. 회사를 설립하거나 확장시키는 과정에 자신의 직원뿐만 아니라 그들의 가족도 있다는 것을 알아야 한다. 그런데 사장이 자신의 회사를 어떻게 꾸려 가고 싶은지, 종국에 어떤 회사를 만들고 싶은지에 대한 계획이 부재하면 그 회사에 연관된 사람들 전체의 삶이 위험해질 수 있다.

사장이 혼자 잘 먹고 잘 살겠다는 생각을 가지고 회사를 꾸렸다면 회사의 경영 방식, 직원복지, 세무회계의 방향을 오직 자신만을 위한 것으로 꾸리게 된다. 그러나 사장이 직원과 함께한다는 비전을 갖고 있다면, 회사의 모든 경영 구조는 그에 맞춰 꾸려진다. 회사는 수없이 다양한 방법으로 사장의 철학에 따라 모양새를 갖추게 되어 있다.

어디 회사뿐이겠는가? 학교도, 사회도, 정당도, 나라도, 그것을 이끌어 가는 지도자, 곧 책임과 권한을 가진 이들이 어떤 철학을 가지고 있는지에 따라 달라진다. 하물며 한 개인이 자신의 인생을 설계하면서 장기적인 관점에서 어떻게 꾸려 가겠다는 뜻을 먼저 세우지 않으면, 그 사람의 생각에서 비롯되는 회사도 온전할 수가 없다.

자신의 삶과 사회에 대해 끝없이 질문해야 한다. 꾸준히 WHY를 찾는 습관을 가지기 바란다. 말처럼 쉬운 일은 아니다. 정신이 계속 깨어 있어야 하기 때문이다. 뇌가 쉴 틈이 없이

WHY를 생각하는 과정, 그리고 그에 대한 답을 찾아가는 길, 그것을 나는 '노력'이라고 생각한다.

마이크로 WHY는 일상에서 던지는 질문이다. 자신이 하는 일들의 성공 방향을 제대로 설정하기 위한 질문이다. 나는 질문해서 답이 명확하지 않으면 동의하지 않는다. 동의가 되지 않는 일은 하지도 않는다. 대의명분이 뚜렷한 일이 아니면 뚜렷해질 때까지 계속 물어본다. 마침내 답이 나오면 일을 시작하고, 답이 나오지 않으면 움직이지 않는다.

우리나라는 관습적으로 개인의 질문을 억압한다. 여전히 질문을 허용하지 않는 주입식 교육체제가 지속되고 있다. 집단적으로 행동하고, 순응하기를 요구한다.

이것도 악순환의 일부다. 이 고리에서도 빠져나와야 한다. 묻고, 또 묻는 자에게는 힘이 생긴다. 사물과 현상의 본질을 진짜로 알게 되는 지식의 힘이 생기는 것이다. 천 가지, 만 가지에 질문을 던져 보고 그것에 답을 가진 사람은 아무 생각 없이 지낸 사람보다 주어진 상황에 대한 대응이 분명 더 빠를 것이다.

질문을 습(習)으로 하는 이들에겐 자신의 머릿속에 쌓인 지식을 융합하는 힘이 생긴다. 융합지식이 그런 것이다. 이 시대는 기술뿐만 아니라 사람도 융합형을 원한다. 기술 융합과 사회적 변수의 다양화로 만들어지는 수많은 일들을 분석하고 판단하며,

결정을 내릴 수 있는 융합형 지식인이 필요한 사회가 된 것이다. 융합형 지식인은 학원을 다니고 자격증을 따서 만든 인위적 스펙을 가진 사람과는 차원이 다르다.

유명한 헤드헌팅 회사들이 있다. 이들은 전 세계에 지사를 두고 글로벌 기업들의 요구에 따라 인재를 찾아 만나게 해준다. 요즘 회사들이 원하는 인재상은 무엇이냐 물으니 공통적으로 아주 재미있는 답을 내놓았다. 언급한 것처럼 '융합형 인재'를 찾는단다. 특히 많은 회사들이 경영진 후보를 고를 적에 '융합'을 중점으로 본다. 다양한 경험을 바탕으로 순발력 있는 판단과 의사결정을 할 수 있는 사람을 찾는다는 것이다.

매크로든 마이크로든 질문을 많이 하고, 꾸준히 WHY를 추구하는 것은 변화하는 기술과학 융합시대에 걸맞은 인재로 자신을 만들어 가는 노력의 과정이 될 수 있다.

어떤 노력을 해왔고, 어떻게 노력하고 싶은가? 그 노력을 물리적으로 계산해 낼 수 있는가? 노력했는데도 안 된다고 말할 수 있는 근거는 무엇인가? 비교치를 가지고 있는가? 비교치는 상대적인가, 절대적인가? 자신의 노력을 필요한 곳에 쏟고 있는가? 끊임없이 스스로에게 질문을 해야 하고, 그 질문에 대한 답은 분명히 갖고 있어야 한다.

모든 고민에서 WHY에 대한 답이 선행되어야 한다. 열심히 목적과 원인을 찾다 보면, 자연스럽게 목적을 이루기 위해 어떻게 할지를 알 수 있다. 원인을 알면 방법도 쉽게 찾아낼 수 있다는 말이다.

여전히 어떤 노력이 필요한지 궁금한 청춘들에게 내가 건네는 답은 간단하다. 자기가 하고 싶은 일이 무엇인지 끈질기게 WHY부터 시작하라. 그래서 진정 하고 싶은 일이 생겼다면 구체적으로 어떻게 이룰지 방법을 찾아야 한다. 노력은 그 과정 자체다. 막연히 목적 없이 그저 열심히만 하는 것이 아닌, 분석적이고 전략적인 노력이 청춘들에게 무엇보다 필요하다.

12

찾고 또 찾아라

HOW

이제 노력을 어떻게 해야 하는지 HOW, 즉 '어떻게'를 논해 보자. 누군가 "난 열심히 살았다"라고 말하면, 그냥 넘기지 말고 '열심히'의 잣대가 무엇인가를 보아야 한다.

'머리도 유전'이라고 하기 전에 학업 성적이 좋은 친구와 나쁜 친구가 어떤 노력을 했는지 살필 필요가 있다. 어떻게 공부했는지 구체적인 방법을 찾고 다른 점이 무엇인지에 관심을 두어야 한다.

중학교 때, 전교 1등을 놓치지 않았던 친구가 있었다. 어떻게 그토록 시험을 잘 보냐고 물었더니 독실한 개신교인인 이 친구가 "기도를 열심히 하면 꿈에 답이 나와"라고 말하는 것이었다.

요샛말로 이러한 상황에서 '헐~'이라고 표현한다는데, 그 말을 듣던 우리들의 반응이 그랬다. 세월이 지난 후 생각해 보면 그 친구가 공부도 기도도 어느 하나 소홀함 없이 꾸준히 집중했기에 그와 같은 말을 했던 것은 아닐까 싶다.

본론으로 바로 들어가자. HOW의 첫 번째는 '매사에 정밀하라'이다.

경영 분야에서 사용하는 '6시그마'라는 용어가 있다. 6시그마 품질수준이란 3.4PPM(parts per million)으로서, 이는 '100만 개의 제품 중 발생하는 불량품이 평균 3.4개'라는 것을 의미한다. 회사의 업무 실수율을 최소한으로 줄여 고객의 만족도를 높이자는 뜻에서 한때 기업 혁신의 표상처럼 사용되었다.

나는 6시그마라는 용어를 좋아한다. 이 용어는 내게 안정감을 주며, 듣기만 해도 기분이 좋아진다. 6시그마를 추구하다 보면 실패를 피할 수 있다는 확신이 생기기 때문이다.

솔직히 '쓰러지면 다시 일어나면 된다'라거나, 에디슨의 말처럼 '실패는 성공의 어머니'라는 이야기를 좋아하지 않는다. 실패는 너무 쓰고, 아프니까. 그래서 될 수 있으면 실패를 안 했으면 좋겠고, 피하고 싶다.

그러기에 나에게 가장 믿을 만한 기준이 6시그마인 것이다. 게다가 6시그마는 오차범위를 줄여 나가는 희열이 있다. '디폴트 제로(Default Zero)'라는 말도 6시그마와 맥을 같이한다. 둘 다 일을 할 때 실수를 줄이려는 '노력'을 하라고 말한다.

실수를 줄일 수 있는 노력은 어떤 노력일까? 6시그마와 디폴트제로가 강조하는 것을 눈여겨보면 된다. 그것은 바로 디테일(Detail)이다. 곧, 누가 더 정밀한가의 싸움이라 해도 과언이 아니다. 그물을 꿰매는 사람이 어부라면 그물은 문제고, 어부는 문제 해결자다. 그물을 얼마나 촘촘히 잘 만드는가에 따라 물고기가 잡히기도 하고, 모두 빠져나가 잡히지 않을 수도 있다.

정밀하려는 노력에 대해 더 이야기해 보자.

애플의 창업자인 스티브 잡스는 멋진 프레젠테이션으로 유명했다. 검은색 스웨터에 청바지, 그리고 운동화를 신은 그가 무대를 걸어 다니며 애플의 상품을 소개하는 장면은 완벽하게 준비된 영화의 한 장면과도 같았다.

관객들은 그의 한마디 한마디를 경청했으며, 프레젠테이션이 끝난 뒤에 애플의 상품들은 보란 듯이 불티나게 팔려 나갔다. 그의 프레젠테이션은 비즈니스맨들의 삶에 혁명과도 같았다. 그는 상업적으로만 성공한 것이 아니라, 세상의 문화를 통째로 바꾸는 문화혁명을 일으켰다. 사람들은 그를 천재라고 말했다.

그러나 그가 한 번의 프레젠테이션을 위해 100번 이상 연습했다는 사실을 아는 사람들은 많지 않다. 보이는 모습에만 열광했을 뿐, 그 뒤에 숨은 100번의 노력은 잘 보지 않는 것이다. 그

'100번의 연습'이 곧 노력이다. 에디슨이 '실패는 성공의 어머니'라고 했다면, 나는 '노력이야말로 성공의 어머니'라고 말하고 싶다.

나 역시 수많은 프레젠테이션을 하고 살았지만, 연습을 100번이나 한 적은 없었다. 중요한 거래를 성사시켜야 하는 현장에 가기 전에 그만한 노력을 기울인 적이 없다. 만약 내가 스티브 잡스처럼 노력했더라면 지금의 나는 더 나아져 있을까? 무엇에라도 더 성공해 있을까? 스스로 하는 답은 '그렇다'이다. 그랬을 것이다.

스티브 잡스처럼 태평양 건너 외국의 사례가 아닌, 우리나라의 사례를 이야기해 보자. 한 의사 선생님에 관한 이야기이다. 그는 서울대 유사 이래 3대 천재이며, 그중에서도 첫 번째라는 말을 듣는 사람이다. 위암에 관해 세계적 권위자인 그는 수많은 의학상을 휩쓸기도 했다.

나는 그를 화이자제약에서 일하던 시절 연구개발과 관련하여 알게 되었다. 그가 항암 치료제의 임상실험 결과를 발표하는 세계적인 의학자 행사에서 프레젠테이션을 할 일이 있었다. 그곳에 나도 초대를 받아 가게 됐다. 그는 아시아인으로서 최초로 그 행사의 기조발제를 하게 되었는데, 네이티브 잉글리시까지는 아니었지만 연설의 스피드와 발음의 정확성, 전달력 등에서 최고였다. 그에 이어 논문을 발표한 영국 학자는 "한국의 모 선생님과 함께 발표를 할 수 있었다는 것은 최고의 영광"이라고 말하기도 했다.

그로부터 몇 해가 지난 후, 나는 그 의사 선생님과 그때의 행사에 관해 이야기를 나누었다. "선생님, 발표를 정말 잘하시더군요. 관중이 3만 명인데, 전혀 떨림 없이 어쩜 그렇게 영어를 잘하세요?" 나의 질문에 그가 빙그레 웃으며 답했다. "나는 영어 콤플렉스가 있는 사람입니다. 영어를 잘하지 못합니다. 그래서 큰 행사에 참여하기 전에 혼자서 수백 번 연습을 합니다. 원고를 완전히 외워서 나가는 겁니다."

나는 말문이 막혔다. 천재는 원래 노력이 없어도 머리에서 뭔가 줄줄 나오는 사람들 아니었던가? 천재가 왜 노력을 하지? 노력을 하면 천재가 아닌 것인가? 그럼 이 분이 그동안 쌓아 온 모든 업적은 천재여서 쉽게 된 것이 아니라 부단히 혼자 노력하면서 이루었던 것이라는 말인가? 역시 에디슨의 명언을 생각하지 않을 수 없다. "천재는 1퍼센트의 영감과 99퍼센트의 땀이다."

한 번은 내가 강연을 하게 됐을 때였다. 나는 그 의사 선생님의 코치에 꼼짝없이 걸려들었다. 중요한 강연이니 시간을 맞추어 강연 원고를 다 쓰라고 하시더니 그다음에는 원고를 외우라고 하셨다.

"선생님, 저는 이거 안 외워도 할 수 있어요. 저 강연 잘해요"라고 말하자 선생님은 이렇게 답했다. "그건 이진 씨 생각이고, 모든 관객이 그렇게 생각할까요? 게다가 TV 방송이니 실수가 없어야 하지 않겠어요? 외우세요!"

덕분에 내 생애 최초로 외워서 강연을 했다. 그러고 나니 막연한 자신감이 구체적인 실력이 된다는 것을 느낄 수 있었다. 노력은 사람의 실력 자체를 높여 준다. 날ㆍ때부터 잘하는 사람은 원래 없는 것이다.

천재라 칭해지는 모든 이들의 뒤에 '노력'이라는 비장의 카드가 항상 숨어 있다. 오스카 와일드(Oscar Wilde)는 수려한 문장과 일필휘지의 힘이 무엇이냐는 질문을 받았을 때 이렇게 답했다고 한다.

"당신이 보는 하나의 문장을 만들기 위해 나는 그 문장을 수없이 고쳐 썼다오!"

'천재'라고 칭찬받는 이들의 이면에 우리가 모르는 엄청난 노력이 항상 함께 있다는 것을 잊지 말아야 한다.

한마디만 더 보태고 싶다. 노력의 반대는 나태함이다. 안일함과 태만이다. 안일함과 태만이 없었다면, 6시그마를 늘 생각하고 실천했더라면, 2014년 4월 16일 세월호 참사는 없었을 것이다. 세월호로 대표되는 우리나라의 많은 참사들은 모두 6시그마를 만들어 내려는 사람들의 노력이 부족했기 때문이다. 노력보다 안일함과 태만이 앞섰기 때문에 생긴 인재(人災)다. 생각할수록 끔찍한 일이다.

　이 시대의 천덕꾸러기처럼 되어 버린 이 '노력'에 사회가 조금만 더 정성을 기울였다면 우리 가슴에 못처럼 박힌 참사를 겪지 않아도 되었을지 모른다. 세월호를 생각할 때마다 '우리들이 저마다 각자의 자리에서 자기 역할에 최선의 노력을 기울였더라면'이라는 생각에 가슴을 치게 된다. 노력은 천덕꾸러기가 아니라 모두의 엄중한 책임이기도 한 것이다.

13

한 걸음이 아니라 열 걸음, 백 걸음 앞을 보자

참여정부 시절 어느 주말에 노 대통령의 가족, 비서진 몇 명과 광릉 수목원에 갔다. 좋은 공기를 마시고 중국에서 선물로 보냈다는 호랑이도 보려고 갔다. 그런데 호랑이 이전에 거기에 엄청나게 큰 멧돼지가 한 마리 있었다. 서울 토박이인 나로서는 말로만 듣던 멧돼지를 처음으로 보았다.

몸집이 커다란 멧돼지가 우리를 향해 무섭게 돌진했다. 깜짝 놀랄 지경이었다. 멧돼지와 우리 일행 사이에는 울타리가 있어서 달려든다 해도 사나운 입을 들이 대지도 못할 텐데, 그 녀석은 포기하지 않았다. 울타리에 부딪히는 그의 코가 얼마나 아플지 걱정이 되면서도 한편으로는 어리석다는 생각도 들었다. 부딪혀

봐서 안 되는 것을 알 텐데 왜 계속 반복하는 것일까?

사회생활을 하다 보면 멧돼지와 같은 사례를 가끔 볼 수 있다. 몇몇 사람들은 어떤 사업 아이템이 좋다고 생각되면 무조건 '진군'한다. 분석은 뒤로하고 그저 해야 하고, 잘될 것 같다는 이유로 진행한다. 스티브 잡스를 두고 '직관의 제왕'이라고 하지만, '감'으로만 일을 추진하면 90퍼센트 이상은 실패한다.

일을 시작하려면 시장분석부터 해야 한다. 미래 가치도 판단해야 한다. 그 일을 하는 데 드는 비용도 계산해야 한다. 필요한 인력도 확보해야 한다. 이 모든 것을 미리 만드는 일이 '계획'이다. 듣고 보면 참 쉬울 것 같지만 분석도, 계획도 없이 무조건 덤벼드는 불나방들을 수없이 보았다. 불에 뛰어드는 불나방의 말로는 간단하다. 타 죽는다.

혹시 우리도 자신의 앞날을 바라보고 거기에 무엇이 있을지 생각해 보지 않은 채, 미래를 향해 달려가는 것은 아닐까? 그 멧돼지는 울타리라는 목표를 두고 달려 들기나 했지, 우리의 미래는 자고 나면 하루, 또 자고 나면 하루가 되어 피할 수 없이 밀려든다. 어쩌면 우리가 미래를 향해 가는 것이 아니라, 도저히 피할 수 없는 미래가 계속해서 우리를 향해 달려오는 것일지도 모른다. 시간이 지나면 필연적으로 다가오는 자명한 미래에 대해 미리 설계를 하지 않는다는 것은 '에라 모르겠다' 하고 자기 인생에 대해 흰 수건을 던지는 것과 마찬가지다.

　나는 미래에 무엇을 할 것인가? 나는 무엇이 되고 싶은가? 나는 그 일을 이루기 위해 어떤 과정을 거쳐야 하는가? 앞서 이에 대해 설명한 바 있다. 자신이 무엇을 할지 확신이 섰다면 그다음으로 미래는 어떤 세상일지 연구해야 한다. 차근차근 과정을 밟는 이유는 세상이 원하는 것과 내가 할 일을 전략적으로 접목시키기 위함이다. 또한 미래의 환경과 나의 개인적 목표가 너무 동떨어지지 않게 만들 필요도 있다.

　요즘은 4차산업혁명, 인공지능 같은 따라잡기도 힘든 미래의 이야기로 온 세상이 들끓고 있다. 그렇기 때문에 미래는 어떤 세상일까 고민하고, 관련된 책들을 찾아 읽어야 한다. 미래학자들의 강연과 서적들이 도움이 될 것이다.

　4차산업시대는 분명 다가올 것이다. 4차산업혁명은 기계혁명이다. 기계들이 지능을 달고 인간의 일자리를 대신하는 시대가 오는 것이다. 그렇기 때문에 4차산업이 발전하면 인간의 일자리가 더 늘어날 수 있다는 생각은 모순이다.

　달라지는 세상 속에서는 어떤 직업이 유망할까? 어떤 인재가 필요할까? 만약 기계가 인간의 일을 모두 대신해서 인간은 쓸모없어질지 모른다는 비관에 사로잡혀 있다면, 이렇게 말해 주고

싶다. 지구는 탄생 이래 늘 '말세'였다고. 그러나 한 번도 지구가
끝난 적은 없었다고.

비관적인 태도로 미래를 대하기보다 새로운 일이 무엇인지
살피고 그 일에 적합한 자신을 설계하기 위해 시간과 공력을
들여야 하지 않을까? 내가 어떤 역량을 갖추었을 때 시대가 필요로
하는 인재가 될 수 있을지도 따져봐야 한다. 이제 스펙은 자기의
적성과 미래사회 환경에 맞는 기량을 얼마나 갖췄고, 이를 사회에
어떻게 드러낼 것이냐에 달려 있다.

4차산업시대가 막막하고, 어떻게 현실화될지 모르겠다면
미래를 이해할 수 있는 좋은 방법 하나를 제안하고 싶다. 나의
경우에는 SF 영화가 큰 도움이 됐다. 세월이 흐르고 보니 Science
Fiction이 Science Reality가 되었다. 실제가 된 것이다.

그 영화들이 허구로 그치지 않는 근본적인 이유가 있다.
작가들은 최대한 조사하여 그들이 영화에서 보여 주려는 미래를
사실에 가깝게 만들기 위해 노력한다. 미래는 이러한 형태일지도
모른다는 것을 여러 과학자들을 통해 배운 후 글을 쓴다.

2017년에 나온 영화 「블레이드 러너 2049」를 보자! 나의
수명을 대강 2070년까지로 잡고 보면 내가 아직 살아 있는
세상에서 AI가 인간과 구별되지 않는 모습으로 세상을
활보할 날이 올 것이다. 그렇다면 다가올 시대에 관해 부지런히

공부하면서 막연한 공포에서 벗어나야 한다.

시대가 달라진다고 해서 미래의 사회 환경에만 자신을 맞추라는 것은 아니다. 클래식은 영원하다. 베토벤의 「운명교향곡」은 여전히 많은 사람들이 듣는다. 바이올린도 사회에서 사라지지 않았다. 산업화·기계화·정보화가 줄달음치고 있지만, 배관공·미장이들의 가치는 높아져만 간다. 인간의 손기술을 필요로 하는, 이른바 '핸드 메이드' 제품들은 기성제품들보다 비싸다. 자신이 하고 싶은 일, 잘할 수 있는 일을 찾고 그 일이 미래 사회에 어떻게 적용될 것인지에 대한 '분석'이 무엇보다 중요하다. 분석은 목표를 이루는 과정에서 가장 중요한 일들 중 하나이다. 부디 생각하고, 분석하라.

14

서두르면 헛스윙

기다리면 홈런

무르익지 않은 감을 따먹으면 떫은맛 때문에 입안이 엉망이 된다. 타석에 선 야구선수가 타이밍을 맞추지 못하고 방망이를 휘두르면 100퍼센트 헛스윙 또는 파울이 난다. 모든 일에는 때가 있다. 때를 기다리라는 말은 '성급하게 행동하지 말라'는 뜻이다. 타이밍을 잘 맞추는 것은 고난도 기술이자 능력이다.

이 이야기를 하려니 솔직히 부끄럽다. 나야말로 '조급함' 때문에 타이밍을 잘 맞추지 못하는 사람이기 때문이다. 유학 시절, 탁구 클럽에 다녔다. 그곳에 아주 뚱뚱한 아저씨 한 분이 계셨다. 그가 나 같은 탁구 초보들의 코치 역할을 했다. 외형만 보면 운동에 '운' 자도 모를 것 같았지만, 각종 아마추어 탁구 대회를 휩쓰는 실력의 소유자였다. 내가 그 아저씨로부터 탁구를 배우면서 귀에 딱지가 생길 정도로 들었던 한마디가 있었다. 바로 '기다려라'는 말이었다. 그는 공을 네트 위로 넘겨 주면서 침착한 저음으로 항상 이렇게 말했다.

"기다려!"(영어로 표현하면 이런 느낌이다. Wait, Waaa iiiiii tttttt!)

그는 나의 성급함을 고쳐 주기 위해 무척 애를 썼지만 잘 안 됐다.

"진, 마음속으로 하나둘 센 후에 치세요. 지금보다 조금 늦었다고 생각되는 시점에 치세요. 진! 치고 싶어도 조금만 참으세요! 참으라고!"

나는 탁구 클럽을 그만둘 때까지 이 '기다림'을 실행하지 못해서 매번 게임에 지곤 했다. 골프를 배울 때도 마찬가지였다. 허리가 클럽보다 먼저 돌아가면 안 되지만 기다리지 못한다. 고개를 먼저 돌리지 말라는 소리를 수없이 듣지만, 획획 고개를 돌려댄다.

스포츠뿐만 아니라 인생도 타이밍과 기다림을 필요로 한다. 기회를 기다리면서 언제 타이밍을 잡는지가 승부를 가르는 열쇠다. 모든 일에는 순서가 있고, 때가 있다. 계획을 세우고 기량을 키우면서 기회를 기다리는 것이다. 기회는 찾아간다기보다 대부분 준비된 자를 찾아온다. 그러니 준비가 부족한 사람이 기회를 찾아 돌아다니는 것은 허세에 가깝다.

나의 20대는 '기다림의 미학'으로부터 한참 멀었던 때였다. 마음의 조급함이 이루 말할 수 없을 정도였다. 바라는 것이 많다 보니 마음의 병처럼 근심 걱정이 늘 컸고, 별로 행복하지 않았다. 30대와 40대를 생각해 보면 아무래도 전보다 기다림에 대한 여유가 조금 더 생긴 것 같다. 그래도 일상에서 벌어지는 잔잔한 실패 뒤에 항상 조급함이 있다는 것을 나는 잘 안다.

기회를 기다린다는 것은 가히 도를 닦는 일이다. 선천적으로 마음이 느긋한 사람들에게는 쉬울 수 있겠지만, 나처럼 항상 마음이 급하고 활동적인 사람에게 기다림은 너무나 어렵다. 그나마 명상과 종교 생활을 통해 조급함을 해소했는데, 조금만 더 마음을 다스리려고 노력하면 제대로 된 타이밍에 맞춰 홈런을 날릴 수 있을 것이라 믿는다.

기다림에 조금씩 익숙해지는 과정은 마음을 다스리겠다는 노력보다는 나이가 들면서 얻게 되는 지혜의 한 부분일지도 모른다. 내 또래의 많은 사람들이 비슷한 생각을 하고 있지 않을까?

지난 십여 년 동안 청춘들을 면접 볼 일이 많았다. 청춘들의 사업계획서를 보고, 그들의 취업 의지 또는 경영 의지를 들었다. 그들 중에 어떤 사람은 의욕만 가득했고, 어떤 사람은 자신이 없었다. 그중에서도 자신의 계획에 치밀한 사람이 있었다. 그리고 결과는 명확했다. 자신의 계획에 치밀했던 사람에게 가장 많은 기회가 돌아갔다.

나를 갈고닦는 시간보다 내가 무엇을 하고 싶다는 의욕이 훨씬 앞섰던 때를 돌아보면 생각보다 이룬 것은 많지 않다. 아마 내가 조금 더 일찍 기다림에 눈을 떴다면, 지금보다 훨씬 더 빠르게 내가 원하는 것들을 해낼 수 있었을지도 모른다.

나는 이 글을 읽는 청춘들이 나와 같은 실수를 반복하지 않았으면 좋겠다. '기다림'은 좋은 것이다. 연인을 기다리는 것, 소식을 기다리는 것, 자신이 하고 싶은 일을 이룰 수 있도록 때가 올 때까지 자신을 갈고닦으며 기다리는 것도 좋다. 뚱보 코치의 말이 정답이다.

"진! 기다려! 때를 기다리라고! 조금만 참으란 말이야!"

15

더 넓은 세상으로

주저 말고 떠나자

만약 내 인생에 유학 시절이 없었다면 어떻게 살고 있을까? 만약 유학비가 없다는 이유로, 다니고 있던 직장을 그만두기 싫다는 이유로, 미지의 세계로 떠나는 것에 대한 불안감으로 유학을 가지 않았더라면 지금의 나는 어디에서 어떻게 살고 있을까?

외국에서 공부하고 싶어 하는 한국인들의 수요가 세계 최고인 시대다. 아이가 안 가겠다고 발버둥을 쳐도 부모가 등 떠밀어 보내는 세상이다. 유학이 부유층의 전유물에서 이제는 중산층·서민층에게까지도 필수 코스처럼 되었다. 그러니 꼭 유학을 가라고 말할 필요가 없을지도 모른다.

그러나 혹시 유학을 가고 싶은데 머뭇거리는 청춘이 있다면, 한 번 더 강조하고 싶다. 꼭 유학을 가라. 그리고 더 넓은 세상을 보라. 그러고 나면 분명 인생이 달라진다.

대학교 시절, 프린스턴 대학 4학년 재학 중 한국으로 온 미국인 친구를 알게 되었다. 그 친구는 중학교 때 2년을 프랑스에서 공부했단다. 중학생이 부모를 떠나 외국 생활도 할 수 있다는 것이 그때는 신기했다.

그들은 중학교 때 프랑스나 영국에 교환학생으로 가서 1~2년을 지내다 돌아온다. 4년 만에 졸업하는 대학생은 많지 않았다. 다양하게 경험하고 돌아와 학업을 마치고, 자신이 하고 싶은 일을 찾았다.

대학원에서는 외국에서 지내다 오는 친구들이 더 많았다. 한국 유학생들은 4학기, 2년 만에 졸업하거나 심지어 여름 학기까지 수강하여 1년 반 만에 졸업하지만 미국 친구들은 인턴십을 하고 영국이나 중국 등으로 1년 이상 갔다가 돌아왔다.

대학원 동창생들의 현주소를 보면 그들이 얼마나 열심히 세상을 돌아다니며 사는지 알 수 있다. 저널리즘이라는 전공의 특수성 때문이기도 하겠지만 어떤 친구는 베이루트에, 어떤 친구는 남미에 산다. 또 어떤 친구는 마흔 살을 넘긴 나이에 하버드 대학에서 다시 연극을 공부한다.

그들의 인생을 보며 나는 두 가지 공통점을 발견했다. 하나는 세상을 돌아다니며 원하는 일을 한다는 점, 또 하나는 그들 모두가 매우 행복해 보인다는 점이다.

내가 사람들에게 유학을 권하는 이유도 이 두 가지 때문이다. 견문을 통해 삶의 스펙트럼을 넓힐 수 있고, 다양한 삶을 보면서 역지사지(易地思之)의 마음을 가질 수 있다. 이 두 가지는 세상을 살아가면서 매우 중요한 덕목이 될 수 있다.

먼저 견문을 넓힌다는 점을 보자. 우리나라 사람들이 유치원 때부터 계층에 따라 그룹을 지으려는 경향이 점점 짙어진다는 점에 주목하자. 경제적·사회적으로 비슷한 사람끼리 만나면 배타적이 되고 시야가 좁아진다.

유치원 때부터 부모들은 어떻게 해서든 공부를 잘하는 아이들끼리, 집안이 좋은 아이들끼리 어울리게 한다. 내가 중학생이던 시절에도 부자 동네 아이들과 가난한 동네 아이들이 어울리지 못했다. 아이들 스스로가 그랬다기보다 부모들이 '친구 가리는 법'을 가르친 탓이다. 그러한 환경에서 성장한 사람들이 사회생활을 잘하는 것 같지는 않다. 그들은 다른 세상에 대한 면역력이 없다.

유학을 가면 일단 배타적 사교 관계가 많이 완화된다. 미국의 경우 나라 전체가 다양성의 총체라 해도 과언이 아니기에,

생각과 행동이 일정한 생활의 경계선 안에서만 살아온 우리나라 사람들에게는 만나는 사람 모두가 파격이 된다. 하나의 사물을 바라보는 시각이 그토록 다를 수 있다는 점에 놀랄 것이다. 미국은 다른 것은 몰라도 개성과 자유주의적 사고가 최대한 발현되도록 한다는 점만은 사실이다.

학업도 마찬가지다. 영어를 하면 현재 자신이 접근할 수 있는 정보, 자료보다 적어도 100배는 더 얻을 수 있다. 결코 과장이 아니다. 한번 시도해 보라. 선진국의 핵심은 정보의 선진성이다. 자기 분야에 관해 더 많은 정보에 접근할 수 있는 능력이 바로 경쟁력이다. 거기에 더해 다른 나라에서 만나는 다양한 사람들의 생각·문화·환경을 접한다면 그만큼 생각의 스펙트럼이 넓어진다.

생각의 폭이 넓어지면 '역지사지'의 마음이 생긴다. 하나의 사건을 해석하는 데도 수많은 시각이 존재할 수 있음을 수용하고 이해하면 남의 시각에서 자신을 볼 수 있다. 협상 테이블에서도 줄 것과 받을 것에 대한 판단이 더욱 지혜로워진다. 세상은 어울려 사는 곳이고, 완전히 내가 옳은 경우도 완전히 남이 그른 상황도 없기 때문이다.

이 두 가지에 더해 크게 변하는 것이 또 있다. 바로 독립성이다. 다른 나라에 가면 모든 것이 새롭고 낯설다. 상점에는 광고에서 본 적 없는 물건들이 가득하다. 샴푸 하나도 무엇을 사야 할지

모를 정도로 종류가 다양하다. 사람은 예측하지 못하는 상황, 익숙하지 않은 사물들 속에 놓일 때, 겁을 가장 많이 낸다고 한다. 다른 나라에 가면 겁나는 일이 날마다 계속된다. 그 과정을 1년 정도 거치고 나면 독립심이 더욱 커진다. 의존할 곳이 별로 없으니 스스로 판단하고 행동하는 일에 익숙해지는 것이다.

집 떠나면 고생이라고 하던가? 하지만 고생을 겪어 보고 난 뒤 돌아오면 세상을 대할 때 배짱이 생긴다. 무엇이든 다 해볼 수 있을 것 같다는 생각이 든다. 부모님 돈으로 잘 먹고 지내며, 공부에 관심이 없어 대충 놀다 돌아온 사람에겐 여기나 거기나 똑같을지도 모른다.

그러나 이 '서바이벌 게임'에서 이기고 돌아온 전사에겐 더 큰 용기와 적극성, 여러 방법으로 문제를 해결하는 다양성, 참을성 그리고 성숙함이 자리하고 있을 것이다.

글로벌 시대에 유학은 필수다. 회사는 영어에 능숙하고, 다양한 문화적 경험을 바탕으로 사안을 다각적으로 들여다보며 문제 해결을 시도하는 사람의 연봉에 자릿수 하나는 더 붙여 주게 되어 있다.

유학을 결심하라. 주저하지 말고 떠나라. 마음에 걸리는 일이 있으면 상자에 넣어 자물쇠로 잠그고 옷장 깊숙한 곳에 넣어 두라. 유학에서 돌아온 뒤 다시 열었을 때 그 걱정거리들이 아무것도 아니었음을 알게 될 것이다.

유학의 시기는 아무 때라도 좋다. 결심하는 그 순간이 떠나야 할 시기라고 생각하면 된다. 나는 대학을 졸업하고 직장생활을 하다가 20대 중반에 유학을 갔다. 내 주변에는 마흔 살이 된 기념으로 유학을 떠났다가 박사까지 마치고 돌아와 교수로 인생을 바꾼 사람도 있고, 서른 살에 떠났다가 현지에 눌러앉아 행복하게 사는 사람도 있다.

유학을 떠날 때는 돌아왔을 때를 고민하지 마라. 떠나는 순간부터 자신에게 밀어닥칠 새로운 환경에 대한 도전만으로도 감당하기가 버겁다. 유학비가 없다고 주저하지도 마라. 돈은 반드시 구해진다. 구하는 방법은 자신의 지혜와 근면성에 달려 있다. 아버지께서 주신 50달러의 용돈과 밤새 일해서 번 돈을 모아 떠났던 내 경험이 결정에 도움이 되었으면 좋겠다.

나는 유학 생활을 하면서 방세를 아끼느라 한동안 눅눅한 지하방에서 살았다. 내가 유학을 떠나고 1년 만에 나를 방문하셨던 어머니는 지금도 그때만 떠올리면 왈칵 눈물을 흘린다. 딸자식이 습한 지하방에서 고생했다는 생각에 속상하신가 보다. 어머니는 내 모습을 '고생'이라 생각하고 우셨지만, 난 진정 즐겁고 행복했다. 학교를 졸업하고 나면 원하는 일을 할 수 있다는 기대감이 충만했던 그 시절에는 양말에 물기가 배어 올라와도 우울하지 않았다. 나는 그 지하 방에서 작은 책상에 전기스탠드만 하나 켜고 공부했다. 열심히 원고를 써서 책도 냈다. 그날들을 씩씩하게 도전하며 보내지 않았다면, 나는 지금 이처럼 즐겁게 살지 못했을지도 모른다.

묻고 또 묻는 이들에겐

자신의 머릿속에 쌓인 지식을 융합하는 힘이 생긴다.

이 시대는 기술뿐만 아니라 사람도 융합형을 원한다.

기술 융합과 사회적 변수의 다양화로 만들어지는

수많은 일들을 분석하고 판단하며,

결정을 내릴 수 있는

융합형 지식인이 필요한 사회가 된 것이다.

융합형 지식인은 학원을 다니고,

자격증을 따서 만든

인위적 스펙을 가진 사람과는 차원이 다르다.

4

분노와 비탄 너머에
어둠의 공포만이 거대하고
절박한 세월이 흘러가지만
나는 두려움에 떨지 않으리.

Beyond this place of wrath and tears
Looms but the Horror of the shade,
And yet the menace of the years
Finds and shall find me unafraid.

– 윌리엄 어니스트 헨리, 「인빅터스」 중에서

16

내 삶의 나침반

멘토를 두자

우리나라는 대체로 롤 모델을 키우지 않는다. 위대한 한국인을 꼽아 보자. 위대한 한국인으로 누굴 생각했는가? 이순신, 세종대왕, 김구 정도? 광개토대왕까지?

2003년에 노무현 대통령을 따라 미국 순방을 따라간 적이 있다. 미국 상공회의소 주최로 만찬이 열렸다. 그 만찬에 미국의 재계 유명 인사들이 참석했다. 행사가 진행되면서 그들이 기억하는 한국의 위대한 지도자에 김대중 대통령이 있다는 것을 알게 됐다.

그들에게 김대중 대통령은 단순히 한 나라의 대통령이 아니라 세계적으로 이름난 인권운동가이자 노벨평화상 수상자였다. 그들은 우리나라를 '김대중이라는 위대한 인권운동가, 자유주의 수호자가 있는 나라'라고 표현했다. 그들이 말하는 김대중 대통령은 내가 생각하는 넬슨 만델라와 같았다.

김대중 대통령이 노벨평화상을 수상했을 때 우리나라에서 오고 갔던 비난들이 무색하게 느껴졌다. 너무 가까이에 있어서 우리에게는 영웅이 아닌 것 같은 사람들이 조금만 먼 곳으로 나가면 유명하고 존경받는 사람이었다.

그래서 '아기 장수'에 관한 설화는 슬프다. 힘센 아이가 태어나면 훗날 임금을 해칠 수 있다고 하여 다 잡아 죽였다는 이야기이다. 설화의 구성요소는 가난한 집에서 태어난 힘센 아이, 그리고 관/임금이다. 기득권을 위협하는 역적의 씨앗을 멸하려는 관과 역적의 위험을 무릅쓰고서라도 세상을 바꾸고 싶었던 백성 사이의 희망이자 공포가 아기장수 설화를 만든 것으로 보인다.

'튀지 말라', '튀면 죽는다'라는 말을 사회생활하면서 많이 듣는다. 실제로 그렇다. 튀는 사람이 성공할 확률보다 기존 제도에 순응하는 이들이 승진할 확률이 높다. 말 잘 듣는 부하가 부사장까지는 간다는 말이다. 집단주의·군사문화·유교주의가 존재하는 우리나라에서는 튀면 죽이고, 영웅의 기질이 보이면 배척한다. 결국 개인적으로 아무리 우수해도 그 기량을 다 발휘하기가 힘들다는 말이다.

나에게 멘토는 롤 모델이자 영웅이다. 자기 인생의 주인인 작은 영웅들, 그래서 그의 말에 귀를 기울이고 싶고, 그처럼 살고 싶게 만드는 이들이 멘토들이다. 그런데 청춘들은 멘토가 없다고 말한다. 자신의 롤 모델이 될 만한 사람이 없다는 뜻이다.

우리는 미국의 정치인 오바마는 존경하지만 한국의 정치인은 존경하지 않는다. 빌 게이츠를 닮고 싶어 하지만 비슷한 인물이 한국에는 없다고 한다. 한국에는 없고, 미국에만 있는 것이 멘토인 것은 아닐까 싶을 정도다. 창피한 일이다. 심지어 멘토도 외제가 낫다는 것처럼 보일 만큼 우리나라의 '어른'들은 청춘들로부터 멘토 인증을 받지 못한다. 나라에 대한 집단적 실망, 미래에 대한 불신이 이 나라의 멘토들도 사라지게 하는 것이다.

멘토는 자신의 철학이나 가치관과 맥을 같이하는 사람이다. 곧 나와 맞는 사람, 내가 따라 하고 싶은 사람, 나에게 영감을 주는 사람, 그리고 나에게 시간을 내어 길을 가르쳐 주는 지도자가 바로 멘토다.

멘토가 꼭 살아 있는 사람이어야 할 필요는 없다. 광범위한 의미에서 역사 속의 인물들도 자신의 삶에 길을 제시해 주고, 희망을 주는 멘토가 될 수 있다. 우리는 그들을 역사서와 위인전을 통해 만난다. 역사적인 인물뿐만 아니라 부모도, 선생님도, 친구도 나에게 길을 제시해 주는 사람이라면 멘토가 될 수 있다. 신문과 방송에서 보는 잘 모르는 사람이라도 내게 희망과 삶의 방향을 제시한다면 충분히 멘토가 될 수 있다.

　나의 20대는 주머니에 돈도 없고, 지금보다 여성들에 대한 사회적 차별을 당연하게 여기던 시기여서 상황이 쉽지만은 않았다. 그때 나를 도와준 어른들이 있었다. 그중 한 분은 내가 다닌 대학 학보사 주간을 하셨던 교수님이다. 강의를 워낙 열정적으로 하셔서 강의실이 꽉꽉 차 있곤 했다.

　그 교수님은 한 달에 한 번 정도 나를 중국집으로 불러 자장면에 이과두주를 반주 삼아 두 시간씩 세상 이야기를 해주셨다. 사회와 교양, 문화에 대한 생각들을 많이 풀어내 주셨고, 나에게도 성숙한 사람으로 성장하기를 주문하셨다.

　교수님의 말씀 중에 "시간을 아끼고, 친구를 가려 만나라"는 말이 특히 기억에 오래 남는다. 세상에 할 일이 너무 많은데, 그 과정에서 친구들을 잘못 만나면 시간과 인생을 낭비한다는 이야기였다. 다양한 책들을 보내 주시며, 책을 읽는 일에 시간을 보내고 좋은 사람들을 선별하여 만나는 것에 힘쓰라 하셨다. 예쁜 신발 한 켤레도 사 신을 형편이 못 되었던 그때, 교수님이 보내주시는 책들은 맛난 갈비이자, 단 사과였다. 가진 것이 아무것도 없던 스무 살 아이에게 존경받는 학자 어른의 격려는 에너지이자 희망이었다.

　미국에 유학을 갔을 때도 좋은 교수님을 만나 격려를 받으며 생활했다. 유대계의 빨강 곱슬머리였던 교수님은 내가 졸업 논문을 쓸 때가 되자 자신의 연구실을 통째로 내어 주며 집중해서 논문을 완성하라고 하였다. 내가 작가가 될 것이라고 생각한 교수님은 나의 글을 꼼꼼히 살피며 좋은 저널리스트로 성장하기를 기대했다.

그 외에도 나의 성장에는 수없이 많은 어른들의 격려가 있었다. 학생 때는 교수님들이었고, 사회생활에서는 나의 상관들이었다. 그들은 나의 인생 항로에서 빛이자 등대지기가 되어 주었다. 내 평생의 은인들이다.

이러한 멘토도 저절로 찾아오지 않는다. 멘토 또한 찾아 헤매야 한다. 어른이 되면 청춘들에게 무엇이든 해주고 싶어진다. 자신의 실패담과 경험담을 들려주고, 청춘들이 조금이라도 더 잘되게 해주고 싶은 마음이 생긴다. 경험을 물려주고 싶은 것이다. 나는 수업시간에 배우는 경영학보다 성공한 비즈니스맨이 들려주는 성공담이 훨씬 더 실용적 가치가 있다고 생각한다. 어른들의 실패와 성공담은 '공짜'로 들을 수 있는 삶의 '컨설팅'이다.

큰 기업일수록 컨설팅 업체들의 자문을 많이 받는다. 내부 통제 시스템, 경영 구조 혁신, 마케팅 전략, 미래 비전 등을 수립하기 위해 굴지의 컨설팅 업체들에게 큰돈을 지불하고 자문을 받는다. 기업체가 컨설팅 업체에 자문을 받는 것은 청춘들이 멘토에게 이야기를 듣는 것과 같다. 컨설팅 업체들이 기업에게 해주는 자문과 어른이 청춘에게 들려주는 조언은 장르는 다르지만, 근본은 같다.

나이를 먹는다는 것은 도서관에 책이 한 권씩 늘어나는 일과 같다. 그만큼 지식이 는다. 자신이 원하는 어른을 찾아가 삶에 켜켜이 쌓인 경험을 듣고 답을 스스로 찾아가야 한다. 어른들도 하나의 정답, 하나의 길을 찾아 주지는 못한다. 그러나 그들의 지식과 경험의 세계에서 나오는 이야기들은 버릴 것이 없다.

좋은 도서관과 같은 좋은 어른들을 찾아가라. 자기가 하고 싶은 일을 먼저 해본 어른, 인간적으로 매력을 느끼게 하는 어른들을 찾아가라. 두려움 없이 연락하고, 자신이 하고 싶은 일에 대해 서슴없이 조언을 구하라. 답을 하지 않는 어른도 있을 것이다. 어쩌면 그러한 어른이 더 많을지도 모른다.

그러나 나 같은 사람도 있다. 물으면 답해 준다. 아파하면 같이 아파하고, 기뻐하면 같이 기뻐한다. 나쁜 골목길로 들어서려 하면 밤을 새서라도 전등을 들고 찾아다니는 어른들도 있다. 그러니 그들을 찾아라.

좋은 멘토를 찾는 일도 악순환, 선순환 사이클 중에 자신이 어디에 있는지와 깊은 관련이 있다. 선순환에 있는 청춘들은 그 안에 있는 어른들을 만나기 쉽다. 악순환에 있는 청춘은 또 그

안에 있는 어른들을 만나게 된다. 악순환에 있는 어른들은 빛이
아니라 어둠이다. 지식이 아니라 무지다.

그러니 먼저 자신이 어디에 있는지 살펴야 한다. 악순환 안에
있다면 빠져 나오기 위한 가장 큰 도구로 선순환 고리 안에 있는
어른들의 도움을 받으려 노력하라. 한번 그들의 눈에 들면, 그들이
도와주기 시작하면, 인생이 달라지기 시작할 것이다.

17

기회의 창

프랭크 시나트라가
노무현과 나를 잇다

어떤 상황에서든 적절한 말을 잘하는 사람이 있는가 하면,
엉뚱한 소리를 해서 '4차원'이라는 별명이 붙는 사람도 있다.
상황에 따라 적절한 말을 잘하는 사람들은 원래 타고난 것일까?
아니면 남몰래 할 말을 미리 준비한 사람일까?

MBC에서 방송작가로 일할 때였다. 방송에 나가는 모든
농담과 대화가 작가들에 의해 사전에 준비된다는 것을 알고 깜짝
놀란 적이 있다. 작가는 출연자의 대본에 웃음과 농담까지도
깨알같이 적어 준비해야 한다. 작가와 PD가 사전에 준비하지
않았던 어떤 일이나 말이 터져 나오면 오히려 방송 사고라고
말한다.

업무의 현장에서도 사전 준비가 중요하다. 프레젠테이션도 미리 연습해야 하고, 만날 사람에 대해 사전 조사도 해야 한다. 상대가 무엇을 좋아하고 싫어하며, 어떤 것에 관심이 있는지 등을 많이 알수록 실제 그를 만났을 때 대화를 이어나가기가 편하다는 사실은 많은 경험을 통해 깨달은 진리다. 노무현 전 대통령과의 인연도 '준비'로 인해 발생한 행운이었다.

나는 투병 중이던 아버지를 보살피기 위해 2000년에 블룸버그를 퇴사하고 한국에서 몇 달간 머물렀다. 아버지가 돌아가시자 새로 구한 직장이 웨스턴 켄터키 대학 저널리즘 스쿨인데, 마침 그곳에서 예정된 한 학기 강의가 비어 버렸다. 9·11 사태로 미국 정부가 중동 사람들의 입국 비자를 거의 모두 거부하고 있던 때라 내가 맡은 과목의 수강생으로 오려 했던 이집트 기자 15명의 입국이 모두 무산된 탓이었다.

2002년 초, 한국은 대선 열기로 후끈 달아올라 있었다. 이회창 후보 대세론 속에서 민주당에서는 노무현 후보가 다크호스로 한창 떠오르고 있었다. 아버지가 돌아가신 뒤 로스앤젤레스 오빠네 집에 머물던 어머니께서 한국에 들어가려 하는데 나에게 함께 동행해 주었으면 좋겠다는 연락을 해오셨다. 학기 강의가 빈 덕분에 어머니를 따라 한국으로 돌아왔다.

그러고는 온 김에 6개월 정도 머무르며 우리나라의 대선 취재기를 써 보고 싶었다. 우리나라 민주주의 발전사에서 2002년이 또 하나의 변곡점을 찍는 해가 될 수 있다고 생각했기 때문이다. 2000년 미국의 대통령 선거 과정을 취재해 출간한『나는 미국이 딱 절반만 좋다』의 연장선상에서 한국의 대통령 선거 과정을 취재하겠다고 마음먹었다.

한국전쟁 이후 우리나라는 전 세계에서 가장 빠른 속도로 단기간에 경제 성장을 이루었으며, 민주주의를 드라마틱하게 발전시켰다. 우리의 민주주의는 군부 독재, 민간 보수, 민간 진보로 정권이 교체되는 가운데 점진적 진보를 이루었다. 민간 보수 정부나 민간 진보 정부가 모두 독재 정권에 대항해 평생 싸웠던 인물들을 중심으로 이뤄졌다면, 다음 단계는 자유 민주주의를 안착시키는 정책을 펴는 인물이 이끄는 단계가 되어야 한다고 생각했다. 그 단계에 맞는 인물이 누구일까 생각해 보았다.

이회창 캠프를 취재할까, 노무현 캠프를 취재할까, 양쪽 모두 할까 고민하다 노무현 캠프를 택했다. 2002년 민주당 경선 당시 노무현 후보는 마이너리티(minority) 중의 마이너리티로서 대중과 언론이 예측하지 못했던 성적을 거두며 경선 선두 주자가 되어 있었다. 나는 노 후보에 대한 접근 방법을 그의 주장대로 시도해 보기로 마음먹었다. 당시 캠프 대변인을 맡고 있던 분을 소개해 주겠다는 언론사 선배의 말에 고개를 저었다.

"학연, 혈연, 지연 없는 사회를 만들겠다고 하니까 그런 것 이용 안 하고 부딪혀서 취재를 해볼게요."

나는 미국의 대선, 미국의 민주당과 공화당의 뿌리에 관해 썼던 책,『나는 미국이 딱 절반만 좋다』한 권을 들고 대변인을 찾아갔다. 그의 앞에 책을 꺼내 놓고는 노무현 후보의 캠프 이야기를 책으로 쓰고자 한다고 말했다. 낯선 여자가 미국에서 왔다면서 자신에 대해 설명하는 것도 없이 그저 책 한 권 내놓고 쓰겠다고 하니까 그는 좀 어이가 없는 듯했다. 외관상으로 멀쩡해 보이는 나를 내치지는 않고 사무실에서 일하고 있던 젊은 청년을 소개해 주었다.

"필요한 것이 있으면 이 분께 연락을 하세요. 도와드릴 겁니다."

소개받은 분은 자원봉사자로 홍보실의 잡일을 거들어 주는 학생이었다. 거의 '하시거나, 마시거나' 수준으로 나를 그에게 넘긴 듯했다.

그래도 취재를 시작했다. 나는 나선형 접근 취재를 하기로 마음먹었다. 노무현 후보 캠프의 가장 원거리 사람부터 나선형으로 사람들을 취재해 나가다가 마지막에 노 후보를 취재해 보겠다는 생각이었다. 나는 캠프 사람들과 빠르게 친분을 텄다. 마주치는 사람들에게 먼저 다가가 말을 걸었다. 원거리 경호원들과 근접 경호원, 노무현 후보 주변을 날마다 서성거리는 지지자들과 안면을 텄다. 그러면서 노무현 후보의 보좌진에게 인터뷰 신청을 하고 기자단과 취재 일정을 같이했다. 차로 이동할 때면 정치부 베테랑 기자들로부터 선거 전망 분석을 들었다.

그러는 사이 흥미로운 사실을 알았다. 노 후보의 참모진이 1993년에 내가 번역 출간했던 책의 출판사 사람이라는 점이었다. 그 인연 덕에 주변 취재가 훨씬 쉬워졌다.

그런데 정작 문제는 노무현 후보였다. 가장 중요한 노 후보에 대한 인터뷰는 두 달이 지나도록 성사되지 않고 있었다. 그 사이 노 후보는 경선에서 파죽지세로 승리를 이어 나갔다.

그해 4월, 서울에서의 마지막 경선 날에 정동영 후보와 노무현 후보 둘이 선거를 치렀다. 답은 불을 보듯 뻔한 일이었다. 민주당의 경선은 전 국민을 흥분의 도가니로 빠트린 최고 인기 드라마였고, 그 주인공의 자리에 노무현 후보가 있었다.

잠실운동장에서 민주당 최종 후보로 노무현 후보가 선출되고 난 직후, 기자들의 인터뷰 시간이 예정되었다. 단체로 하지 않고 5분에서 10분씩 개별 언론사가 인터뷰를 하는 식으로 진행되었다. 문 앞에서 서성거리고 있는데 노 후보의 한 참모가 내게 방으로 들어오라는 손짓을 했다. 자신과 함께 뒷줄에 배석해 앉으라는 것이었다. 속으로 쾌재를 부르며 그의 옆에 가 앉았다. 앉고 나서는 언론사가 저마다 들어와 묻는 질문과 답을 모두 기록할 수 있었다.

기자들 중엔 후보와 악수하는 사진을 찍고 나가는 이들도 있었다.

인터뷰가 거의 끝날 즈음, 대변인이 내게 눈짓을 주었다. 가까이 가니 후보와 사진이라도 한 장 찍으라는 것이다. 책을 내려면 같이 찍은 사진이 한 장 정도는 있어야 하지 않겠느냐고 했다.

"아뇨. 괜찮습니다."

나는 웃으며 거절을 했다. 대변인이 잠시 당황스럽다는 표정을 짓더니 웃으며 말했다.

"그러면 나중에 후보와 인사나 시켜드릴 테니 남아 있어요."

그때부터 나는 마음속으로 할 말들을 정리했다. 인터뷰가 끝나고 기자들이 모두 방에서 나가자 대변인이 내게 손짓을 했다. 자리에서 일어서던 노 후보에게 대변인이 말했다.

"후보님에 관한 책을 쓰고 있는 이진 씨입니다."

그의 소개가 끝나기도 전에 나는 대뜸 크게 노 후보에게 말했다.

"후보님, 제가 후보님의 인간적인 측면을 취재해 보고 싶은데 도무지 취재할 기회가 오질 않습니다. 인터뷰를 하고 싶습니다."

당시 후보였던 노무현 전 대통령은 고개를 잠시 숙이며 생각하더니 말문을 열었다.

"내가 부산 경선에 가느라 김해 공항에서 내렸을 때인데요. 내가 이미 민주당에서 가장 강력한 대통령 후보가 된다음이었는데 공항에 나를 맞이하러 나온 사람이 두 명밖에 없었어요. 왜 그랬을까요? 그게 뭘 의미할까요?"

노 후보는 나의 답을 기다리지 않고 계속 말을 이었다.

"한번 잘 취재를 해보세요. 내 측근 보좌관들도 전부 취재를 해보고, 나도 인터뷰를 해보세요. 시간 내줄 테니까."

노 후보는 그 자리에서 대변인에게 내가 취재를 잘할 수 있도록 해주라고 지시를 내렸다. 나는 날아갈 듯이 기뻤다.

그러나 경선 직후 이회창 후보와 막상막하의 지지율을 얻기 시작한 노 후보의 일정은 살인적이었다. 기자단과 함께 그의 캠페인을 따라다녔지만, 나뿐 아니라 어느 기자도 개인 인터뷰는 하지 못하고 있었다. 내 처지를 생각하다 보니 전에 읽었던 프랭크 시나트라에 관한 이야기가 떠올랐다. '이거다. 언젠가 기회가 되면 이 이야기를 써야지' 하고 마음먹었다.

마침내 기회가 왔다. 천안으로 유세를 가기로 하고 기자단 버스에 타고 있는데 수행원들 중 한 명이 차에 오르더니 내게 귀띔을 해주었다. 노 후보가 우리 버스를 타고 함께 천안으로 내려갈 예정이니 재주껏 해보라는 것이다. 다른 기자들과 함께 버스 후미에 앉아 있었는데, 후보가 들어오면 맨 앞자리에 앉을 것 같다는 생각이 스쳤다. 나는 재빨리 앞에서 두 번째 줄에 혼자 앉았다. 수행원의 말대로 노 후보가 차에 오르자 기자들이

놀라 웅성거렸다. 노 후보를 따라 차에 오른, 당시 의전 담당자가
기자들에게 안내를 했다.

"후보께서 천안까지 이 차로 함께 가시는데 취재는 없는 걸로
합니다. 너무 피곤해서서 앞좌석에서 좀 주무시면서 편안하게 가실
거니까 협조 좀 해주십시오."

꿈만 같게도 노 후보는 내 바로 앞자리에 앉았다. 한 30분가량
차가 달렸을 때, 나는 앞좌석 등받이 사이로 조금 보이는 노 후보의
어깨를 검지로 꾹꾹 눌렀다. 노 후보가 놀라서 뒤를 돌아봤다. 나는
좌석 틈새로 고개를 들이밀며 물었다.

"후보님, 혹시 프랭크 시나트라라고 아시나요?"

노 후보가 고개를 끄덕였다.

"알지요."

"제가 지금 그 프랭크 시나트라를 취재했던 한 미국 기자
신세인 것 같습니다."

"그게 무슨 말인가요?"

"프랭크 시나트라는 기자들과 인터뷰를 안 하는 것으로
유명했습니다. 그를 취재하려고 백방으로 노력했던 기자는 결국
한 번도 인터뷰를 못 한 채 기사를 썼는데, 그게 지금까지 내려오는
시나트라에 관한 기사 중 가장 잘 쓰인 글이라고 합니다. 제가
그만큼은 안 되겠지만, 저도 그렇게 될 것 같습니다."

노 후보가 빙긋 웃었다.

"돌아보면서 말하면 나 목 아프니까 앞자리로 오세요."

나는 쏜살같이 노 후보의 옆자리로 자리를 옮기고 녹음기를
꺼냈다. 그렇게 해서 한 시간이 넘는 동안 노 후보를 단독 인터뷰할
수 있었다. 뒤에서 기자들이 웅성대기 시작했고, 의전 담당자가
다소 인상을 쓰며 나에게 "후보님 쉬셔야 하니까 자리로 돌아가
주세요" 하고 두 차례나 요구를 했다. 나는 그가 나를 밀어낼
때까지 버티고 있을 작정이었다. 그런데 다행히 그때마다 노 후보가
괜찮다며 계속 인터뷰를 하라고 해주었다.

그후 노 후보가 대통령에 당선될 때까지 나는 언론인 중 노
후보를 가장 자주 그리고 가장 오랜 시간 인터뷰한 사람이 되었다.
그때 취재한 기록은 2002년 8월에 『노무현의 색깔』이라는 책으로
출간되었다. 나는 지금도 프랭크 시나트라가 나를 구해 주었다고
생각하고 있다.

사전에 할 말들을 준비해야 한다는 조언을 내게 해준 한 사람이
있다. 내가 청와대에 들어갈 때 그는 이렇게 조언해 주었다.

"항상 할 말을 노트해 둬. 지도자들에겐 시간이 생명이야.
그분들에게 보고할 때는 할 말을 미리미리 준비해 두었다가 상황이
오면 바로 쓸 수 있어야 해. 지도자와 함께 있는 시간에 할 말이

없어 먼 산 바라보고 있는 사람처럼 기회를 놓치는 사람이 되지 않도록 해."

　기자 시절에는 질문을 '업'으로 해야 했기 때문에 사전에 준비를 하는 버릇을 들였지만, 그의 조언은 그후로 지금까지 나의 일상생활에 중요한 팁이 되고 있다. 노무현 후보가 버스에 올라탔을 때 내가 만약 프랭크 시나트라 이야기를 가지고 그의 흥미를 유발하지 않았다면, 나의 취재는 그냥 그쯤에 머물렀을지 모른다. 상대와 나를 연결할 수 있는 미리 준비한 하나의 연결 고리가 사람의 인생을 바꿔 놓을 수 있다. 어머니의 한국행을 동행하기만 하고 미국으로 돌아가려 했던 내 인생이 노무현 전 대통령과의 인연으로 이어질 수 있었던 매개는 바로 '준비된' 말 한마디였다.

18

영어

'일주일이면 잘할 수 있다?' 뻥이다

2008년 1월 이명박 정부의 출범 시기에 유명하게 회자되었던 사건이 있다. 당시 대통령직 인수위원장, 이경숙 교수가 영어 교육을 강조하기 위해 사용했던 '오렌지' 발언이 나라를 발칵 뒤집어 놓은 사건이다. "미국에 갔더니 오렌지라고 하면 못 알아듣고, 오륀지라 해야 알아 듣더라"며 원어민 발음의 중요성을 강조한 것이었다. 그만큼 발음도 중요하고, 조기 교육도 중요하니 청소년들에게 '영어몰입교육'을 해야 한다는 것이었는데, 불똥은 발음으로 튀었다. '오륀지'는 영어 못하는 우리나라 어른들의 가슴을 후벼 파는 아킬레스 건을 건드린 단어였다.

나를 비롯한 어른들은 '성문종합영어' 세대다. 미국에 가기 힘든 때 학창 시절을 보내면서 오직 성문종합영어로 "Boys be ambitious"를 외쳤을 뿐, 외국인을 만나면서 영어를 공부해 본 사람들이 아니다. 그러니 문법 시험은 잘 보지만, 외국인을 보는 순간 머리가 굳어 버리는 영어 강박증 환자들이기도 하다.

영어를 잘해야 한다는 강박이 얼마나 심했는지 청춘들은 상상하기가 힘들 것이다. 우선 대입 시험에서 영어의 비중이 높았다. 그러나 영어는 대입 시험에서 끝나지 않았다. 사회생활을 할 때도 영어를 잘하는 사람과 못하는 사람 사이에 연봉 차, 승진 차가 꽤 컸다. 해외로 한창 진출을 해야 하는 시기, 영어를 잘하는 사람이 승승장구하는 모습을 보며 살아온 사람들이니 대부분의 어른들에게 영어 콤플렉스는 자괴감을 넘는 분노에 가깝다. 그런데 분노가 긍정적인 방향을 찾지 못한 채 다음 세대로 불똥이 튀었다.

청춘들도 경험했을 것이다. 조기 유학을 통한 영어 습득은 중상류층에게는 필수 코스가 되었다. 현지 교육이 어려우면 우리나라 안에서라도 영어 교육 기관을 찾아다닌다. 영어 학습 교재들이 쏟아져 나오고 상술에 혼을 잃은 사업가들은 영어 공부를 일주일만 하면 귀가 뚫린다고 거짓말을 한다. 지하철 역 광고판마다 영어 공부를 할 수 있는 비법이 자기네 학습 교재에 있다는 확인되지 않은 사실을 쏟아낸다.

영어를 일주일이면 잘할 수 있다는 광고는 내가 들어 본

최고의 과장 광고다. 그런데 이것들이 우리 주변을 돌아다니지만,
과장 광고를 한다고 벌을 받은 적은 없다. 왜냐하면 누가 영어를
못한다면 그것은 그들이 가르쳐 준 대로 안 한 '자기 탓'이 되기
때문이다. 대동강 물을 팔아 돈 벌었다는 봉이 김선달보다 아마
우리나라에서 영어로 돈 버는 어른들의 '뻥'이 더 셀 것이다.

나는 영어 학원에 다닌 적이 거의 없다. 유학 가기 전에
AFKN(American Forces Network Korea) 수강을 위해, 토플을 위해 한
달씩 다닌 것이 전부다. 학원을 안 다닌 것은 가기 싫어서가 아니라
돈이 없었기 때문이다. 학비 내기도 힘든데 영어 학원 갈 돈이 어디
있었겠는가? 게다가 나는 시험을 잘 보기 위한 목적으로 영어를
공부한 적이 없다. 그냥 영어가 재미있었다. 영어가 되면 접할 수
있는 또 다른 정보의 세계를 접하는 것이 즐거웠다.

영어에 재미를 붙이던 때, 나는 거의 매일 AFKN을 봤다.
중학교 2학년 때부터 보기 시작했던 것 같다. 학교에서 돌아오면
두세 시간 이상 AFKN을 봤다. 그리고 그때는 소니 카세트
녹음기를 가지고 다니면 멋져 보이던 시절인 터라 나는 이어폰을
귀에 꽂고 걸어 다니며 AFKN 라디오를 들었다. 듣다가도 발음을
반복해서 따라했다. 고등학교 때 갑자기 생긴 영어 듣기 시험에서
내가 높은 점수를 받으니 친구들이 깜짝 놀랐다. 내내 전교
1등이던 친구가 울먹이며 물었다.

"그게 어떻게 들리니?"

내가 영어에 들인 시간은 다른 공부에 들인 시간보다 많았다. 매일 듣고, 읽고, 따라 말하기를 일상화했다.

유학 생활은 영어 공부의 바다를 헤엄치는 것과 같았다. 나는 가장 정확하게 발음하고, 가장 좋은 목소리를 가진 앵커가 있다는 NPR(National Public Radio) 방송을 듣기 위해 아침 알람을 그 방송 채널에 고정시켰고, 잠을 자기 전에도 그 방송을 들었다. 운전을 할 때도, 여행을 할 때도 NPR을 들으며 다녔다. TV를 볼 때도 영어 자막을 계속 따라 읽으며 보았다. 그냥 읽지 않고 배우의 표정, 억양을 흉내 내며 읽었다.

세월이 지나 영어 잘한다는 소리를 듣는 이즈음에도 나는 영어 공부 하나는 게을리 하지 않는다. 나는 영화를 볼 때도 영화 속 대사들을 속으로 따라한다. 10대부터 습관을 들여 무려 거의 40년 동안 계속 공부했지만 아직 모르는 단어, 틀리는 문법이 수두룩하다. 그럴 때마다 영어, 아니 언어의 길은 얼마나 멀고도 험한지를 생각한다.

기억나는 영어 선생이 있다. 더 정확한 영어로 나를 이끈, 제약사에서 근무하던 시절 만난 터키인 사장이다. 그는 나의 영어에 혹독했다. 회사에서 지원할 테니 개인 영어 과외를 하라는 것이었다. 문제는 그 개인 영어 교사를 찾는 일이었다. 찾아 헤매다

모 대학 영문과 교수인 미국인을 만나서 한 시간 수업을 해봤다. 그 교수는 자기는 가르쳐 줄 것이 없다며 영어 원서들이나 많이 읽으라고 했다. 사장에게 슬그머니 화가 났다.

"사장님은 왜 저에게 자꾸 영어 선생을 두고 배우라는 건가요?"

그러자 사장은 특유의 커다란 눈으로 나를 뚫어지게 바라보며 말했다.

"나는 진이 국제 사회에서 외국인 영어가 아니라 진짜 완벽한 영어를 하는, 백인들에게 뒤지지 않는 영어를 하길 바랍니다. 임원들의 세상에서는 영어를 조금만 틀려도 비아냥을 받고, 경쟁에서 밀립니다. 백인들이 우습게 보고 밀어낸단 말이에요."

말을 멈추고 잠시 침묵하던 그가 말을 이었다.

"터키 사람으로서 이만큼의 자리에 오기까지 많은 차별을 겪었어요. 내 나라의 문화를 비아냥거리고 터키인들에게 불만이 많은 백인들을 겪으며 버텼어요. 나는 진이 국제 사회에 가서 더 크게 성공하려면 영어를 할 줄 아는 정도가 아니라 아주 완벽하기를 바랍니다. 그러니 잔소리 말고 영어 선생 찾아 공부하세요!"

나는 사장의 눈이 잠시 뜨거워지는 것을 보았다.

영어는 의무적으로 한다고 되는 일이 아니다. 본인이 필요성을 느껴야만 학습 속도가 무섭게 나온다. 아이돌 스타들이 영어나 일어, 중국어를 아주 잘하는 모습을 보게 된다. 그들 대부분은 성장하면서 학교 수업을 통해 외국어를 배우지 않았을 것이다. 그런데 외국어 실력이 보통이 아니다. 나는 특히 빅뱅의 승리를 보며 놀랄 때가 많다. 그의 중국어, 영어, 일어 실력은 대단하다. 그는 수만 명이 운집한 공연장에서 한 치의 두려움 없이 다종의 언어들을 사용하며 관객들의 기분을 끌어올린다. 그의 외국어 실력은 오로지 팬들과 소통하려는 그의 필요성이 만든 에너지 때문인 것 같다.

뛰는 자 위에 나는 자 있다고, 나를 놀라게 한 영어 벌레가 한 명 있다. 대통령 통역을 담당했던 외교부 공무원이다. 그는 내가 본 대통령 통역들 중에 가장 뛰어난 실력을 가지고 있었다. 아버지를 따라 해외에서 어린 시절을 보냈으니 자연스럽게 영어를 잘하겠거니 했는데, 어느 날 그의 호주머니에 들어 있는 영어 단어장을 보고 깜짝 놀랐다. 영어 메모장을 가지고 다니며 몰랐던 단어가 나오면 메모장에 쓰고 외우기를 반복한다는 것이었다. 겸연쩍어 하는 그에게서 메모장을 빼앗아 들여다보니 손때가 잔뜩 묻어 있는 것이 보였다. 다 외운 것은 볼펜으로 새까맣게 지우기도 했다. 마치 중학생처럼 단어장을 만들어서 다니는 그의 일상에서 나는 또 한 번의 자극을 받았다.

영어를 잘하는 방법, 아니 비법은 딱 하나다. 손에서 놓지 않고 꾸준히 그리고 열심히 하는 것이다. 영어 잘하게 해준다는 각종 상술에 넘어가지 말고, 매일매일 열심히 하다 보면 영어가 늘 수밖에 없다.

그런데 유의할 점이 있다. 내 조언은 영어가 간절한 사람들을 위한 것이다. 영어가 싫은데, 억지로 영어를 공부할 필요는 없다. 하기 싫은 것에 시간을 오래 쓸 필요가 없다. 원하는 것만 해도 시간이 모자라는데, 하기 싫은 것들 때문에 억지로 끌려다니지는 않았으면 좋겠다. 시험 때문에 어쩔 수 없다면, 시험 제도를 고치라고 어른들에게 요구하라.

영어를 배우는 사람이 영어를 잘하게 하는 방법은 어쩌면 이 나라에서 영어 시험을 아예 없애는 것일지도 모른다. 필수 과목이 아니라 교양 과목, 선택 과목으로 만드는 것이다. 그래서 정말 영어를 배우고 싶은 사람만 배우면 어떨까? 그렇게 되면 영어 때문에 속상할 일도 없고, 영어를 배우는 사람은 아마 다 잘하게 될 것이다.

이렇게 된다면 청춘들을 상대로 온갖 '뻥'을 치던 영어 산업 종사자 어른들은 많은 돈을 잃게 될 것이다. 자신들의 생존권을 보장하라고 교육부에 항의 집회를 할지도 모른다. 이제 그만 청춘들은 영어 장사꾼들의 세상에서 풀려 나와야 한다. 영어의 족쇄에서 이 나라 청춘들은 해방될 필요가 있다.

19

스트레스 마주보자

대안 없으면 버텨라

요새 주변에서 '홧김에' 직장을 그만두는 사람들을 많이 본다. 사람들은 지금의 직장이 싫어서 그만두고 싶다는 말을 등짐처럼 지고 다닌다. 보통 20대는 직장이 마음에 안 들면 그만두고, 30대는 더 좋은 직장이 생기면 그만두고, 40대부터는 가족 생계 등의 이유로 직장을 다니기는 하지만 속내는 금세 그만둘 준비가 된 것 같다.

직장생활을 하는 청춘들에게 중요한 조언을 하고 싶다. 요새 주변에 퇴사 이유를 물으면 '홧김에' 회사를 그만두었다고 말하는 이들이 많은데, 회사는 홧김에 그만두는 곳이 아니다. 절대 충동적으로 퇴사하지 말기 바란다.

회사를 그만두는 이유는 세 가지 중 하나여야 한다. 첫째는 부모님이나 가족이 아파서 그들의 수발을 직접 들어야 할 때, 둘째는 자신이 원하는 자유를 직장이 보장해 주지 않을 때, 셋째는 현재의 직장보다 더 좋은 미래를 제시하는, 더 나은 직장을 찾았을 때이다.

지금의 직장이 싫어서 그만두고 싶다면 한 번 더 생각해 볼 필요가 있다. 다른 직장으로 옮기고 싶다면 부디 선택의 중심에 현재의 직장이 싫어서라는 것 외에 다른 이유는 없는지 꼭 살펴보라고 모두에게 조언한다.

이 책의 앞에서 밝혔듯 나는 이직이 많았던 사람이다. 그런데 이직 중에 한 번도 다니던 직장이 싫어서 다른 직장으로 옮긴 적은 없었다. 꿈과 호기심, 도전 같은 것들이 이직의 중심에 있었다.

직장인의 절반 이상이 이직을 꿈꾼다. 이직을 원하는 가장 큰 이유가 현 직장에 대한 불안감, 불편함 때문인 것이 세상만사 직장인들의 모습이라고 한다. 내가 다녔던 직장 안에도 애환이 있어서 괴로운 날, 즐거운 날이 수없이 교체되곤 했다. 내 마음에도 희로애락의 불이 쇠라도 녹일 만큼 강하게 끓곤 했다. 나는 그러는 사이 직장 동료들을 가만히 관찰해 보았다. 직장생활의 고통이 어디 나에게만 있었겠는가.

왜 우리는 이렇게 풀칠을 해야만 먹고살 수 있는 인간이 된 것일까? 아침에 눈을 뜨면 일하러 나가야 하고, 밤이 되면 쓰러져 잔다. 1월에는 새로운 에너지로 시작하지만 7월이 되면 지쳐 간다. 그래서 여름 휴가를 다녀오고 나면 바닥이 났던 신체 에너지 레벨이 조금 오른다. 그 에너지로 겨우 뛰면서 12월에 이르면 '아이고, 올 한 해도 무사히 넘기게 해주셔서 감사합니다'를 연발해야 하는 인생의 365바퀴를 어찌 하면 좋겠는가.

삶을 이렇게 정리하면 한탄스럽기만 하다. 태어났으니 살아야 하고, 기왕 사는 것이면 재미있게 살아야 한다! 재미있게 사는 방법은 꿈을 갖는 것이다. 꿈이 있으면 그의 현재가 어디든 이겨 내는 힘이 생긴다. 직장도 마찬가지다. 꿈이 있으면 직장생활도 달라질 수 있다. 자신이 원하는 꿈 안에 직장생활이 나름의 필요와 의미를 갖게 될 테니 말이다.

직장생활도 일상과 다르지 않다. 우리의 감정은 상황을 대하는 과정에서 만들어지는 희로애락의 범주 안에 있다. 직장생활에서 벌어지는 모든 불쾌감과 기쁨 역시, 희로애락 중 하나의 감정이 다른 하나의 감정을 교대하며 오고 가는 것일 뿐이다.

그렇기 때문에 직장에 있을 때 감정에 휘둘리지 않기 위해 최선을 다해야 한다. 직장생활에서 감정은 '덫'이자 '늪'이다. 한 번 거기에 빠지면 직장생활이 악몽이 된다. 결국 도살장에 끌려가기 싫어 버티는 소처럼 아침에 뜨는 해가 너무 싫어지고 삶이 비루해진다. 상황의 지배자가 아니라 노예가 되는 것이다.

직장이 주는 스트레스의 실체를 정면으로 마주해 볼 필요가 있다. 왜 싫은지 그 원인에 대해 냉정하게 분석해 보고 싶다면, 싫은 이유를 종이에 열 개만 써 보면 된다. 그리고 한 주가 지났을 때, 열 개뿐인지 아니면 다른 것들이 더 추가되었는지를 본다. 그러기를 한 달만 해보면 알게 될 것이다. 직장이 마음에 안 든다는 자신의 생각은 감정적 사고의 결과물일 확률이 높다.

직장에 대한 자신의 감정선을 조절할 수 있다면, 이직이 현재의 직장이 싫어서 선택하는 차악이 되는 불행을 막을 수 있을 것이다.

나는 구직자들을 인터뷰할 때, 지금 다니는 직장이나 과거의 직장에 대한 불만이 너무 많은 사람은 더 생각하게 된다. 그곳에서 해소되지 않은 불만이 이곳에서 해소될 수 있다는 보장이 없기 때문이다.

직장에서는 프로페셔널해야 한다. 직장은 꼭 좋아야 다니는 곳이 아니다. 직장은 기본적으로 일을 하고 결과물을 내는 것을 전제로 하는 사주와 노동자 간의 합의체라고 생각할 필요가 있다. 감정은 가족이나 사랑하는 사람과 함께 나누고, 직장에서는 감정에 휘둘리지 않는 프로가 되기 바란다. 누가 뭐라든 내 중심을 잡고 프로답게 일하면, 그에 걸맞은 대접을 받게 될 것이다.

내 경험상 홧김에 그만두고 집에 며칠 있으면 더 '열 받는 일'이 생긴다. 그것은 국가에서 보내는 친절한 안내문들이다.

"귀하께서는 지역보험 가입자로 전환되셨습니다!" 어디 국민건강보험공단뿐이랴! 직장에서 나를 감싸던 회사 우산이 사라지자마자, 불난 집에 부채질하듯 각종 고지서들과 세금 통지서들이 귀신같이 집으로 날아온다는 것을 경험하게 될 것이다.

혹시나 그래도 감정적 문제가 해결이 되지 않아 퇴사하고 싶은 청춘이 있다면 한때 많은 직장인들이 절절하게 공감하며 시청했던 드라마 「미생」의 대사를 소개하고 싶다. '회사가 전쟁터면 밖은 지옥이다.' 그러니 직장을 쉽게 그만두지 않기 바란다.

5

지나가야 할 문이 얼마나 좁은지

얼마나 가혹한 벌이 기다릴지는

문제가 되지 않는다.

It matters not how strait the gate
How charged with punishments the scroll,

– 윌리엄 어니스트 헨리, 「인빅터스」 중에서

20

당당함은 필수
겸손함은 승부수

자만이나 오만한 태도는 상대의 기분을 단박에 나쁘게 만드는 반면, 겸손한 태도는 상대방에게 호감을 살 수 있는 가장 빠른 방법이다. 이 두 가지 사이에 놓인 '당당함'은 잘만 지키면 상대의 흥미와 관심을 사는 데 큰 몫을 한다. 특히 오늘날 회사들은 당당한 스타일의 사람을 좋아하는 경향이 있으므로 '당당한 모습'에 관심을 가질 필요가 있다.

지금도 생각나는 아주 재미난 청춘이 있다. 대학교 4학년이던 그 친구가 몇 차례의 면접을 통과하고, 마지막으로 나와의 인터뷰를 위해 내 방으로 들어왔다. 턱을 너무도 높이 들고 들어오는 그를 본 순간 나는 깜짝 놀랐다. 그 친구는 여전히 턱을

높이 든 채 묻는 질문에 방 안이 쩌렁쩌렁 울릴 정도로 크게
대답했다. 들어 보니 핵심은 '딱히 잘하는 것은 없으나 시켜만 주면
최선을 다하겠다'라는 소리였다. 초등학교 때 가출을 한 이야기도
들려주었는데, 이야기인즉 산골에서 태어난 그가 넓은 세상이 보고
싶어서 자전거를 타고 집을 나갔다가 돌아왔다는 것이다. 나는
아주 흥미를 느껴 이 친구를 뽑았다. 그는 인턴십을 마치고 얼마
뒤 한 글로벌 기업에 취직이 되었다며 작은 선물과 함께 편지를
보냈다.

"전무님, 저도 제게 보고하는 부하직원이 있어요. 전무님과
동등하죠?"

크게 웃었다. 멋지고 당당한 이 친구는 그 회사에서도 아주
잘할 것이라는 확신이 들었다. 다른 기업들도 상황은 비슷하다.
빠릿빠릿하고 똑똑하고 자신의 주장과 의견을 잘 표현할 줄 아는
사람일수록 함께 일하기 좋다고 생각한다.

적극적이고 당당한 태도는 하루아침에 만들어지지 않는다.
길러지고 훈련되는 것이다. 나는 지금도 프레젠테이션을 하러
들어갈 때 크게 심호흡을 한다. 내 사무실에서 혼자 몇 번 되뇌어
연습을 한 뒤 거울을 본다. 그러고는 스스로에게 작은 소리로
주술을 건다.

"잘할 수 있어."

어깨를 내리고 목을 길게 빼며 가슴을 쫙 편다. 현장 문을 여는 순간 밝게 미소를 짓는다. 무대에 오르면 최선을 다해 방 끝 어디에서도 들을 수 있는 정도의 음성으로 프레젠테이션을 시작한다.

이것은 연기와도 같다. 내가 프레젠테이션 내용을 완벽히 알고 있으며, 누가 어떤 질문을 해도 단숨에 대답할 수 있다는 자신감을 보여 주는 연기. 물론 실제 갖추고 있는 역량도 충분해야 하지만, 좌중을 압도하는 당당함이야말로 현장에서 신뢰를 얻는 중요한 기술이다. 프레젠테이션이 끝나고, 질의와 응답을 하고, 인사를 한 뒤 방을 빠져나오면 '휴우~' 하는 긴 한숨과 함께 긴장을 푼다.

사람이 당당하기란 그렇게 쉬운 일이 아니다. 내 죄는 내가 알고 있다. 나의 장점·단점·약점을 스스로 다 알고 있기 때문에 관중이 누구냐에 따라 주눅 들 수 있는 상황은 얼마든지 있다. 이를 견뎌야 한다. 이를 넘어서야 한다. 당당함은 프로페셔널리즘의 기본 중 기본이다.

당당함이 큰 대우를 받고 있지만, 겸손 역시 소홀히 할 수 없는 미덕이다. 인간의 삶에서 이보다 더한 미덕은 없는 것 같다. 당당함이 사회생활을 시작할 때 필요한 요소라면, 겸손은 사회생활의 진정한 승부수다. 똑똑하고 건방진 사람과 덜 똑똑하지만 겸손한 사람 중에 성공하는 사람은 확실히 겸손한 쪽이다.

　겸손한 사람이 되는 것은 정말 어렵다. 특히 똑똑한 사람이
겸손한 태도까지 갖추고 있다는 것은 하늘의 별 따기와 같다.
겸손은 자신을 낮추고 남을 높이는 태도이기 때문에 똑똑한
사람들에겐 대체로 가질 수 없는 보석과 같다. 그런데 똑똑하면서
겸손하기까지 한 사람이 있다면? 그 사람은 정말 잘된다. 흔히
"일도 잘하는 사람이 성격까지 아주 좋다"라는 말을 듣게 되는
것이다. 누가 이런 사람을 싫어하겠는가?

　겸손의 사전적 의미는 간단하다. 자신을 낮추고 남을 높이는
것, 자신을 너무 내세우지 않는 것이다. 겸손한 태도는 요즘의
청춘들에게는 아주 중요하다. 단군 이래 최대 스펙을 가졌다는
말이 돌 만큼 요즘 청춘들은 기본 기술은 대체로 갖추고 있다.
영민하고, 많이 배웠다.

　당당하고 똑똑한 청춘들이 많아졌기 때문인지, 고용자들은
옥석을 가리는 기준으로 능력보다는 인성을 더 보게 된다. 대체로
이런 기준을 두고 예의주시하며 보는 것 같다. 저 사람이 성실한가?
배움의 자세가 있는가? 동료들과 잘 어울릴 것인가? 예의가
있는가? 말은 곱게 쓰는 사람인가? 조금 일하다 훌쩍 그만두고
다른 데로 갈 사람인가? 실제로 능력을 중심으로 사람을 뽑는
회사는 이직률이 높고, 사람의 인성을 중심으로 기용하는 회사는

이직률이 낮다고 한다.

어떻게 하면 사회생활에서 겸손함을 익힐 수 있을까? 나는 겸손은 배움의 깊이라고 생각한다. '벼는 익을수록 고개를 숙인다'라는 말에서 드러나듯, 배움이 깊을수록 사람은 겸손해진다. 배움이 뭘까? 그것은 깨달음이다. 예수, 부처, 공자 그리고 이 세상의 많은 성인들을 보자. 그들은 학문을 깊이 수양하고 고행의 길을 걸었으며, 그 결과로 자신을 낮추고 타인을 높이는 겸손함으로 다시 태어났다. 그들의 일생을 보라. 길고 먼 고행의 끝에서 그들이 얻은 것은 하나, 삶과 사람에 대한 겸손이었다.

겸손은 사랑이 되고 긍휼이 된다. 그리고 겸손한 사람은 자연스럽게 타인을 존중한다. 타인의 말과 생각을 주의 깊게 듣는 것이다.

오래 직장생활을 하면서 결국 겸손한 사람들이 성공하는 모습을 많이 볼 수 있었다. 그들에겐 적이 없었다. "존중받고 싶으면 존중하라"는 말처럼 그들은 타인을 존중했고, 타인들도 그들을 존중했다. 서로에 대한 칭찬과 격려를 아끼지 않았다.

겸손함의 중요성을 잘 알지만 겸손해지기가 쉽지 않다. 노(怒)는 강에 던져 버리고, 참된 겸손으로 사람을 대하는 사람이 되고 싶지만 결코 쉬운 일이 아님을 실감하고 있다. 그렇기 때문에 더더욱 나 스스로가 마음속에 스멀스멀 올라오는 타인에 대한 무시와 자만심이 없는 사람이 되기를 지금도 바란다.

　내가 만일 겸손한 사람이었다면 훨씬 더 부침 없는 인생을 살았을지 모른다. 겸손하기 위해 날마다 몸부림을 치고 겸손해서 손해 볼 것 없다는 말을 여러 번 듣지만, 늘 겸손함이 부족하다.

21

익명에 숨지 말고

책임지고 말하라

가난하게 태어나 최고의 스타가 된 '국민요정'이 있었다. 한 시대를 풍미할 정도로 아름다웠다. 그녀가 어느 날 갑자기 자살을 했다. 그녀의 죽음을 두고 우울증과 악플이 원인이라는 보도가 나왔다. 배우 '최진실' 이야기이다. 최진실이 받았던 많은 사람들의 사랑을 생각하면 지금도 마음이 아프다.

나는 유명인들이 스캔들에 휘말릴 때 인터넷에 오르는 댓글을 읽지 말라고 한다. 읽어서 정신 건강에 좋을 일이 하나도 없기 때문이다. 그런데 아무리 읽지 말라고 해도 읽는다. 연예인뿐만 아니라 정치인도 댓글을 읽는다. 심지어 대통령도 댓글을 읽는다. 이유는 간단하다. 남들의 생각이 궁금하기 때문이다. 그러고는 악플을 쓰는 이들이 상상할 수 없을 정도의 상처를 입는다.

우리 사회가 이 댓글, 구체적으로는 악플 문화를 '표현의 자유'라며 살아온 지 벌써 20년이다. 댓글은 정말 표현의 자유로서 보호받아야 할 의견이자 여론일까? 나는 사회에 이 질문을 심각하게 던지고 싶다.

나는 표현의 자유에 동의한다. 각종 '자유론'의 신봉자인 내가 표현의 자유에 동의하지 않을 리가 없다. 그러나 나는 책임 있는 표현의 자유에만 동의한다. 무책임한 표현의 자유에는 동의하지 않는다.

길을 지나가는데 누군가 갑자기 우리에게 욕을 한다면 그를 모욕죄로 고소할 수 있다. 다시 말해서 다짜고짜 욕을 하는 그는 범법자다. 그런데 인터넷 안에서 댓글로 대상을 모욕하면 대부분 넘어간다. 사이버 수사대에 의뢰하지만 일일이 추적하는 일에는 엄청난 시간과 돈, 에너지가 소모된다.

언론에서는 댓글을 쓰는 사람들을 '네티즌'이라고 표현하며, 제3의 여론층으로 그들의 댓글을 중하게 다룬다. 이제는 네티즌의 댓글이 '권력'이 되었다. 여론을 형성하는 새로운 권력으로 자리를 잡자 이 권력을 이용하려는 사람들이 생겨났다. 바로 '댓글부대'다. 특정 세력을 지지하거나 비판하는 댓글부대가 인터넷에 집중포화를 쏘아 대고, 언론은 무비판적으로 '네티즌은~'이라고 시작하는 문장을 따서 보도한다. 댓글을 보는 사람들도 이에 반응하여 자신의 행동을 결정하는 구조가 만들어진 것이다. 익명의 댓글부대가 나라의 여론을 주도한다고 해도 과언이 아닐 정도로 댓글은 사람을 살리고 죽이는 무서운 칼이자, 여론을 가늠하는 한 축이 되었다.

내가 석사를 했던 미주리 주립대학 저널리즘 스쿨은 1990년대 중반에 '온라인 보도'를 처음으로 가르친 학교였다. 그래서 자연스럽게 온라인 커뮤니티에서 의견들을 주고받았다. 그때 정말 놀랐던 사건이 있다. 일상에서는 친절했던 사람이 온라인 상에서 무기명으로 글을 올릴 때 거칠게 돌변한 것이다. 욕지기도 있었고, 특정인을 비난하는 글도 있었다. 온라인 커뮤니티에 들어갔던 학우들 중 많은 사람들이 나와 같은 놀라움과 충격을 느꼈다.

민의라는 것은 무엇일까? 익명 속에 숨어 남에게 상처를 주는 말을 던지는 것도 민의라고 봐야 할까? 나는 사람들이 누군가를 비난하고 싶다면 충분한 근거를 갖고 말했으면 좋겠다. 사람이든 사회든 시스템이든, 비판할 거리가 있다면 자신을 당당히 밝히면 좋겠다.

자신을 밝히는 태도는 자신이 하는 말에 책임을 지겠다는 뜻이다. 그러므로 그의 말은 더 신중하게 듣고 답변하며, 토론도 해야 할 것이다.

그러나 익명 속에 기승전결, 육하원칙 없는 무차별한 인신공격
글쓰기는 독화살이 되어 누군가의 목숨을 앗아 갈 수 있음을
우리는 수없이 보았다. 무기명을 전제로 집단이 한 사람을 향해
쏟아내는 비난은 인격 살해를 넘어 실제 자살을 조장하는
범죄행위가 될 수 있다.

　　민주주의의 핵심은 표현의 자유에 있다고 한다. 그러나 그
표현은 반드시 책임을 동반해야 한다.

　　SNS는 우리 사회의 악인가, 선인가? 나는 이 SNS 세상에서
조금만 더 책임감 있는 모습으로 자신의 의사를 표현하고, 또
의사를 표시하기 전에 고통받을지 모르는 누군가를 조금만
헤아렸으면 좋겠다. 바늘이 자기 손가락 끝을 찔러도 아픈데,
사람의 마음을, 심장을 찌르면 얼마나 아프겠는가.

　　나는 어릴 적에 아프리카계 혼혈 아이에 대한 동네 아이들의
집단 괴롭힘을 보았다. 초등학생 때의 이 사건은 지금도 트라우마로
남아 있다. 학교를 파하고 집에 갈 때마다, 여섯 살이던 그 아이를
한가운데에 두고 동네 아이들이 '튀기', '깜둥이'라고 놀리면서
돌을 던졌다. 그 아이는 돌에 맞아 피가 흐르는데도 지지 않고
맞받아쳤다. 어렸지만 그 광경이 너무 무서웠다. 아무런 잘못이
없는 아이를 피부색이 다르다는 이유로 괴롭히는 동네 아이들이

무섭고 싫었다. 그런데 그 아이들을 제대로 말리지 못했다. 아직도 후회되는 일 중의 하나이다.

표현의 자유는 존중되어야 한다. 그러나 모든 표현에는 책임이 뒤따라야 한다. 세 치 혀가 사람을 살리고 죽인다는 말이 있다. 누군가 순간의 감정으로 쓴 글이 타인을 죽음으로 내몰 수 있다. 역지사지의 정신으로 상대방의 마음을 헤아리는 사회가 되길 간절히 바란다. 부모, 형제가 SNS에서 억울한 학대를 당하고 있다면 당신은 어찌 하고 싶어지겠는가?

22

감정의 격랑에
판단을 맡기지 마라

일할 때 프로의 자세는 무엇일까? 여러 가지가 있겠지만, 나보다
타인을 더 배려하는 태도가 바로 프로의 자세라고 생각한다.
자신을 낮추라는 것이 아니라 배려하는 마음으로 상대를 대하면서
자신의 감정을 조절할 줄 알아야 한다는 것이다.

여러 번 말했지만 내가 하는 조언들은 대부분 나에게 부족한
부분들이다. 나는 사실 감정을 조절하지 못했을 때 일어나는
후회스러운 결과들을 직접 체험한 사람이다.

글을 읽으면 내가 모든 일에 포커페이스를 유지하는 냉철한
사람 같겠지만, 나는 실생활 속에서 재미난 일이 있으면 거의 실신
상태에 이르도록 폭소를 터뜨리고, 불합리한 일이 발생하면 크게

분노하는 사람이다. 슬픔에도 충분한 애정을 주는 터라, 슬픈
영화를 보면 눈물에다 콧물까지 흘리곤 한다.

　삶 속에서 솟구치는 다양한 감정들을 컨트롤하지 못할 때 나는
크게 실패하거나 실수하게 된다. 이성적 판단으로는 불가능하다는
것을 알면서도 인정에 끌려 곤경에 처한 적도 있다. 상대의 말에
크게 분노하여 감정적으로 대응했다가 다시는 대화를 못하는
관계를 만든 적도 있다. 순간의 감정에 이끌려 판단이 흐려졌던
적이 한두 번이 아니다.

　일을 할 때 일의 중심에 감정을 둘수록 실패할 확률도
비례한다고 생각한다. 이성적인 사람은 상황의 지배자가 될 수
있다. 그러나 감정적인 사람은 순간순간 튀어나오는 자기 감정의
노예가 된다.

　희로애락 중에 '노'를 버릴 수만 있다면 대체로 감정 조절이 잘
되는 사람이라 할 수 있다. '희'와 '애'와 '락'은 상대방과 공유할 때
더 상승하는 좋은 감정들이다. 그런데 '노'만큼은 사적인 공간에서
혼자 풀어야 한다. 특히 사회생활에서 '분노'의 표현은 사소하게는
기분 나쁜 수준으로 그치겠지만 일이 커지면 다른 사람에게 큰
상처까지 입힐 수 있기 때문이다.

　자신의 감정을 드러내지 않는 일은 어렵다. 그렇지만 감정
조절은 사회생활에서 가장 필요한 덕목이다. 특히 청춘이 나이가

들면서 사회적 위치가 올라갈수록 감정 조절이 더 중요해진다. 이것에 능숙한 사람이 높은 자리로 올라갈 가능성이 커진다.

감정을 조절하기 위해서 자신을 들여다볼 필요가 있다. 왜 화가 날까? 분노가 일어나는 가장 큰 원인은 무엇일까? 나는 주로 인격이 모독을 당했을 때와 억울한 상황에 처했을 때 분노한다. 아마 다들 그러지 않을까 싶다. 이 두 가지, 인격에 대한 모독과 억울한 상황에 대한 분노를 조절하기 위해 노력한다면 성공으로 가는 길은 이미 준비되어 있을 것이다.

이제까지 내가 말한 분노는 개인적인 성격의 것이다. 노무현 전 대통령이 예전에 공적 분노에 대해 말했던 것이 생각난다. "공적 분노는 해도 괜찮다." 그 말의 의미는 다음과 같다. 노무현 전 대통령은 사적 분노, 개인 간의 분노는 될 수 있는 대로 참아야 하지만, 사회 정의에 반하고 인권을 유린하는 공권력에 대해서는 분노를 터뜨려도 되며, 그것이 공적 분노라고 말한 적이 있다.

공적 분노는 개인적 행위가 아니라 사회적 행위로 연결된다. (이것이 때로는 폭력을 수반할 수 있는 일이기 때문에 공적 분노는 그럼 어디까지 해야 하는가에 대한 질문이 발생한다. 하지만 나는 거기까지 가고 싶지는 않다.) 정의와 사회 안전, 시스템을 해하는 문제에 대한 반작용으로서 공적 분노를 말하는 것이라면 거기에 동의한다. 나의 세대가 함께했던 1980년대 민주주의 항쟁은 공적 분노에 의한 공적 행위였던

것 같다. 인권이 유린되고 권력이 남용되는 현장에 대한 집단의
함성이었다.

함께 길을 걷고, 함께 촛불을 들고, 함께 권리를 주장하는 일은
사회의 정반합을 이루려는 숭고한 노력이라고 생각한다. 2016년
겨울을 달구었던 촛불시위는 역사에 길이 남을 공적 분노의
표현이었다. 우리나라 민주주의 발전에 또 한 번의 획을 그은,
정의로운 공적 분노였다.

한편으로 공적 분노를 가장한 사적 분노의 이기적인 집단
행위는 경계할 필요가 있다. 개인이나 그 개인이 속한 집단의
이해관계를 우선 순위로 놓고 이루어지는 집단 행위는 공적 분노가
아니라 비열한 자기 방어, 자기 합리화에 불과하다. 우리 사회는
매일 다양한 형태의 '공적 분노'에 대한 함성으로 가득 차 있다.
이들 중에 진짜와 가짜를 구별하는 냉정한 판단력은 자기 감정
조절을 통해 나올 수 있다.

나는 매일 나 스스로에게 바란다. 부디 '노'가 없는 사람으로
살게 해달라고 말이다. 어쩌면 한 사람마다 마음속에 쌓여 있는
'노'가 사라진다면, 전쟁도 사라지고 한반도의 핵 위협도 사라지지
않을까?

23

여행하고

봉사하고 사랑하라

청춘들을 만나면서 대부분이 '간지(かんじ) 나는 삶'을 매우 중요하게 여긴다는 것을 알게 되었다. 자신만의 '간지'를 드러내기 위해 돈을 아낌없이 쓰는 이들이 있다는 것도 알게 되었다. 간지는 원래 일본어다. 감각, 인상, 분위기 등을 의미한다. '간지 난다'라는 표현은 말 그대로 폼 난다는 뜻이다.

보이는 것은 대체로 외양이다. 집은 없어도 차는 좋아야 하고, 밥은 안 먹어도 옷은 멋지게 입는 것. 청춘들은 간지 나게 옷을 입고 간지 나는 차를 타며, 말투에도 간지가 있어야 한다고 주장한다.

남에게 멋지게 보이고자 했다면 상대방도 그렇게 봐 주어야 효과가 있는 것 아닐까? 나는 간지 나는 삶, 곧 폼 나고 멋진 삶은 기본적으로 다음의 세 가지를 통해 이루어질 수 있다고 생각한다. 여행하고, 봉사하고, 사랑하는 것이다.

흔히 여행은 견문을 넓혀 준다고 한다. 내 경험으로 보면 여행은 견문뿐만 아니라 마음도 넓혀 준다. 여행을 많이 하면 다양함을 볼 수 있다. 나와 다른, 나의 세상과 다른 수없이 많은 '다름'을 봄으로써, 그것을 이해하는 마음을 갖게 된다. 다른 것을 이해하게 되면 자연히 마음도 넓어지게 된다.

또한 여행을 할수록 삶의 장애를 극복하는 힘이 생긴다. 새로움은 낯섦이다. 우리가 밤을 싫어하고 무서워하는 이유는 어둠으로 인해 앞이 보이지 않기 때문이다. 눈을 감기 싫어하는 것도 가장 예민한 감각인 시각이 차단됨으로써 사물을 파악할 수 없기 때문이고, 앞보다 뒤가 두려운 이유도 뒤를 볼 수 없기 때문이다. 죽음도 그 시간을 예측할 수 없기 때문에 두렵다. 여행 자체가 늘 새로운 것과의 만남이기에 여행이 거듭될수록 새로움에 대한 불안이 줄어들 수밖에 없다.

대부분의 사람들은 미리 보고 예측할 수 있을 때, 안도감을 느낀다. 여행은 그것이 가진 특유의 낯섦으로 인해 우리들에게 새로운 것에 대한 적응력과 낯섦이 주는 문제를 해결하는 능력을 길러 준다.

간단한 실례가 나영석 PD가 연출한 tvN 프로그램 「꽃보다
할배」다. 케이블 방송으로서 시청률을 거의 10퍼센트까지
끌어올리는 기염을 통한 이 프로그램은 인간이 두려워하는 두
가지의 장애물을 조합했다. 하나는 여행이라는 미지의 세계이고,
다른 하나는 '할배'들이다.

나영석 PD는 왜 이 여행 프로그램의 첫 출연자들을 청춘으로
꾸리지 않고 할배들로 구성했을까? 답은 간단하다. 인생에서
모험으로부터 가장 먼 곳에 있는 할배들을 모험의 현장으로
끌어들임으로써 시청자로 하여금 '할배들도 하는데 나라고
못하겠어'라는 용기와 재미를 선사한 것이다. 실제로 「꽃보다
할배」의 여행지를 따라가는 사람들은 할배, 할매들이 아니라
젊은이들이었다.

여행에서 맞이하는 각종 사건은 인생에서 겪는 가장 안전한
장애이다. 여기서 면역력을 기를수록 직장생활·사회생활에서의
장애를 극복하는 일이 상대적으로 쉬워진다.

나는 최근에 한 청춘의 이력서를 받았다. 그의 고용을
결정하면서 가장 눈여겨본 부분이 있다. 그가 1년 동안 무전으로
세계 여행을 했다는 점이었다. 노숙도 하고, 구걸도 하면서 세계를
한 바퀴 돌았다는 말에 나는 고심 없이 그를 채용했다. 그 용기와
배짱으로 무엇을 못하겠는가!

여행은 또 겸손함을 길러 준다. 모든 여행이 겸손함을 만들어 주진 않는다. 누군가로부터 금전을 지원받으며 다니는 여행에서는 겸손보다 오만과 불손을 배우기가 쉽다. 비행기 1등석을 타고 다니며 파티를 즐기고, 호화로운 호텔에서 자는 사람이 여행에서 겸손함을 배우기는 쉽지 않다.

그러나 자신이 번 돈을 모아 배낭여행을 하며 게스트 하우스에서 세계 각국에서 온 여행객들과 이야기를 나누다 보면 삶에 감사하고 타인에게 겸손해야 함을 배울 수 있다. 진짜 간지는 여행을 많이 하는 이들에게서 볼 수 있는 멋짐은 아닐까?

사회 공헌과 봉사 활동 또한 '간지'와 어울린다. 봉사가 소득이 없는 일처럼 보이지만, 봉사하며 행복을 만나게 되면 집안 재산을 다 내놓고도 사람이 미소를 짓게 된다.

몇몇 청춘들과 이야기를 나누는데, 그중 한 명이 자신을 '금수저 맛만 본 사람'이라고 자칭했다. 그 이유를 물었더니 답이 재미있었다. 그는 부모님이 고향에 내려오라고 하여 주말에 갔었다고 한다. 그러자 부모님께서 자신들의 재산을 한 푼도 남기지 않고 사회에 기부하기로 마음을 먹었으니, 부모에게 기댈 생각 말고 알아서 살라고 하셨다는 것이다. 사업을 하여 자산가였던 부모는 자식들 모르게 오랫동안 사회봉사 활동을 하면서 기부금을 내왔다. 그러던 어느 날 아예 마음을 단단히 먹고 자신들의 전 재산을 어떤 단체에 기부하기로 했다는 것이었다.

"저희 남매가 서울 생활, 외국 생활을 하는 동안에 부모님은 계속 봉사 활동을 하셨더라고요. 저는 장가도 가야 하는데 어쩌나 싫었지만, 부모님의 의견을 존중하기로 했습니다."

그 청춘의 이야기는 한편으로는 나의 이야기이기도 했다. 나는 아버지가 버는 돈을 사회봉사 활동에 쓰신 터라 대학 등록금도 스스로 벌어야 했다. 그때는 아버지를 이상하게 여겼다. '아버지는 자식보다 남이 더 소중한가?'라며 의구심이 들 때도 있었다. 아버지가 돌아가신 후 어머니에게 전부터 궁금했던 아버지의 봉사에 대해 물었다. 어머니가 답했다.

"마지막에 전화로 천 원을 보내신 후에 물어봤지. 왜 그리 남들에게 하냐고. 그랬더니 그냥 좋으시대. 어려운 사람들을 도와주는 게 그토록 기쁠 수가 없대."

남을 도와본 사람은 안다. 도움을 받는 것보다 남을 돕는 일이 얼마나 더 보람되고 즐거운지 말이다.

마지막으로 사랑에 대해서는 굳이 말할 필요도 없을 듯하다. 사랑은 좋은 것이다. 사랑을 하면 기분이 좋다. 이성을 사랑해도 기분이 좋고, 부모를 사랑해도 기분이 좋고, 자식을 사랑해도 기분이 좋고, 이웃을 사랑해도 기분이 좋다. 누군가를, 무엇인가를 사랑하고 있는 사람의 얼굴을 보라. 기분 좋은 날에 사람들로부터

한 번쯤은 이런 이야기를 들었을 것이다.

"요즘 연애하세요? 얼굴이 왜 그리 좋아 보여요?"

예전 같았으면 사랑은 적극적으로 나서는 일이라 생각했겠지만, 요새는 사람을 미워하지 않는 마음도 사랑이라 생각한다. 사람을 미워하면 무엇보다 자신의 마음이 불편해진다. 기분이 나빠진다. 그러면 그 마음도 얼굴 표정에 나타난다. 이런 이야기도 들어본 적 있을 것이다.

"요즘 안 좋은 일 있으세요? 안색이 좋지 않아 보여요."

누구든 미워하지 않는 상태는 마음이 평정한 상태이다. 마음이 편안해지면 눈도 편안해진다. 눈은 마음의 창이라 하지 않는가. 적극적으로 사랑하고, 사람을 미워하지 않는 마음으로 사랑을 일으키기 바란다. 사람을 사랑하면 아무도 당신을 싫어하지 않는 것은 물론 허용할 수 있는 세상이 훨씬 넓어질 테니 말이다.

진짜 멋지게 살고 싶은 청춘이라면 여행하고, 봉사하고, 사랑부터 시작하기를 바란다. 이 셋 중 어느 하나도 청춘을 실망시키지 않을 만큼 재미나고 또 그 자체로 아름다운 일들이니까.

6

나는 내 운명의 주인이며
나는 내 영혼의 선장이다.

I am the master of my fate:
I am the captain of my soul.

– 윌리엄 어니스트 헨리, 「인빅터스」 중에서

24

요구하자

국가와 어른들에게

청춘들은 어른 세대를 잘 관찰해야 한다. 어른들이 지금 어떤 변화를 겪고 있는지 살필 필요가 있다. 이 나라 청춘들의 인생에서 가장 큰 경쟁자는 더 좋은 스펙을 가진 친구가 아니다. 바로 청춘들의 부모, 조부모 세대들이다. 대한민국에서 유사 이래 가장 사회생활에 적극적이고, 가장 '드세며', 가장 근로 욕구가 높은 사람들이 여러분의 부모, 조부모 세대들인 것이다. 나이가 들었지만 건강하며 일할 의욕이 높고, 게다가 승부근성까지 있어서 잡은 일을 놓지 않으려는 욕구가 강한 이들이다.

먼저 청춘들의 조부모 세대를 보자. 이분들은 우리나라를 폐허에서 일으켰다. 6·25전쟁 직후 우리나라에는 남아 있는 건물이 없었다. 1960년대 우리나라는 방글라데시보다 가난했고, 1970년대 초반까지 북한보다 가난했다.

전 세계 최빈국 중의 하나였던 우리나라가 지금 세계 10위권의 경제 대국이 될 수 있었던 것은 청춘들의 조부모 세대가 안 먹고, 안 쓰며 일했기 때문이다. 그들은 돈을 벌기 위해서라면 어디든 갔다. 독일로 간 광부들뿐만이 아니다. 가족을 먹여 살리겠다는 의지로 그들은 베트남의 전쟁터로도 떠났다. 그분들은 여러분의 부모 세대들을 가르치느라 자신들의 뼈와 피와 목숨을 다 바친 사람들이다. 자신의 삶을 희생해 가며 세계사에서 가장 단기간에 경제성장을 이룩했다. 그들에게는 "이 나라의 경제는 우리가 일으켰다"라는 자부심이 강하다.

이번에는 청춘들의 부모 세대들을 보자. 조부모 세대가 경제 성장을 일궜다면, 부모 세대는 대한민국의 민주화를 이끌었다. 개발 독재, 군사 독재에 고문당해서 죽어 나간 형제, 학우들을 가진 사람들이다.

화염병을 던지다 얼굴에 화상을 입은 학우, 경찰들에게 쫓기다 감옥에 간 친구, 그리고 노동 운동을 하겠다고 좋은 대학을 졸업한 후 공장으로 취직해 들어간 선·후배들이 있었다. 반독재·자유 민주 정부를 만들겠다는 의지가 개인의 일신영달보다 중요하다고 믿으며 청춘 시절을 보냈다. 신념이 밥보다 중요했던 이들이다.

지금의 대학생은 '실업과 취업, 둘 중에 하나가 예고된 이들' 정도로 취급받지만, 그들이 대학 시절엔 '대학생'의 사회적 위상이 하늘을 찔렀다. "배워야 한다"를 외치며 온 나라가 공들인 세대였기 때문에, 요즘처럼 '노인 우대'가 아니라 '학생 우대' 혜택을 잔뜩 받으며 살았다.

청춘들의 부모 세대는 우리나라 경제성장의 최대 수혜자들이며 민주 사회로 진화하는 과정의 승리자들로서, 가장 많은 인구수를 가지고 있다. 사회 참여도가 높고 매우 건강하다. 의료 기술의 빠른 발달로 인해 집단적 장수가 예고된 그룹이다. 그래서 그들은 '대한민국의 민주화는 우리가 일구었다'라는 생각이 강하다. 나아가 언제라도 사회 참여를 통해 나라의 발전을 자신들이 원하는 방향으로 이끌어 갈 수 있다는 경험적 자신감을 가지고 있다.

반면에 지금의 청춘 세대를 보자. 일단 인구수가 적다. 사람 수에서부터 윗세대들에게 밀린다. 이것은 유권자수에서 밀린다는 뜻이다. 청년의 미래를 걱정하는 이들보다 자신들의 노후생계를 걱정하는 이들의 투표수가 더 많다는 의미다. 고령화를 대비한 각종 정책들이 사회 시스템 곳곳에서 준비 중인 것이다.

이것이 사회의 중요한 문제가 된다. '세대 갈등'이라는 사회적 전쟁이 시작되는 것이다. 각자의 집안에 존재하는 부모-자식 간의 감정적 갈등은 소극적 갈등일 뿐, 정말 무서운 것은 청춘들과 어른들 사이에 벌어지는 '밥 그릇 싸움'으로서의 세대 갈등이다.

청춘들이 정신을 바짝 차려야 한다. 경험과 능력을 갖춘 건강한 중년 어른들이 진짜 경쟁 상대들임을 인지한다면, 현재 자신이 어떤 경쟁력을 가졌는지 살필 필요가 있다. 생존 능력, 사회 적응력, 지식, 기술, 대인관계, 협동심, 의사소통 능력 중에서 청춘은 무엇에 강점을 가졌는가?

패배주의와 허무주의 그리고 자신의 환경을 남 탓으로만 돌리고 있는 한 청춘들은 어른들의 '밥' 신세를 면치 못할 것이다. 사람이 성공을 하려면 치러야 하는 대가가 있다. 윗세대들은 목숨 걸고 치른 일들로 인해 보상을 받고 있다. 치열한 경험을 집단적으로 가진 세대는 강하다. 여러분의 조부모들이, 여러분의 부모들이 그래서 강하다.

조부모와 부모 세대가 꽉 쥐고 있는 세상에서 청춘들만의 자리를 만들려면 일상에서 깨어 있어야 한다. 조부모 세대가 경제 성장의 주역, 부모 세대가 민주화 사회의 주역이라면 청춘은 단군 이래 최대의 스펙을 자랑하는 이들이지 않은가.

1년 후, 10년 후, 20년 후 무엇을 어떻게 해야 할지 계획하고 전략을 짜면서 실행하기 위해, 듣기 싫겠지만 '노력'을 해야 한다. 노력이라면 말이 싫으면 바꾸자. '정진'해야 한다. 패배주의와 허무주의에서 벗어나 긍정적 마음, 그리고 자신감을 가지고 자신의 현재와 미래를 돌봐야 한다. 그래야 나중에 정말 행복해진다. 돈을 많이 벌면 행복해질까? 큰 명예를 가지면 행복해질까? 돈과 명예가 행복의 절대적 조건이 아니라는 것은 이미 알고 있지 않은가. 나는 행복을 '후회 없음' 또는 '미련 없음'이라고 생각한다. 후회 없이 도전해 보았고, 미련 없이 끝을 내는 담백한 삶이 행복이라고 생각한다.

그러려면 '정진'해야 한다. 생각이 깨어 있어야 하고, 자신의 미래를 설계하며 오늘을 성실히 살아야 하는 것이다. 지금의 어른들도 10년 후에 무엇이 될지, 20년 후에 어떤 일을 하고 있을지를 고민했다. 20여 년 전에 한 선배가 말을 했다.

"지금으로부터 20년 후면 우리들 중에 대통령이 나오고 장관이 나온다. 지금부터 준비를 해야 한다."

멀게만 느껴졌던 이 말이 지난 몇 번의 총선과 대선 과정에서 고스란히 현실로 나타났다. 정계뿐 아니라 재계에서도 우리들의 아버지가 아니라, 우리들 스스로가 중역·임원이 되고 사장과 회장이 되어 가고 있다.

청바지에 헐렁한 셔츠를 입고 캠퍼스를 돌아다니던, 평범했던 우리들이 지금 이 나라를 이끌어 가는 주역인 것이다. 그리고 내가 지금 말하는 우리들의 모습이 정확히 20년 후의 청춘의 미래가 된다. 옆에 앉았던 친구가, 옆 동네 살던 누군가가 무엇이 된다.
그리고 그 '무엇' 중엔 사회를 더욱 건강하게 만드는 역할자도 있고,
사회의 최고 악인 기득권 보호를 위한 음모와 협잡의 대가라는
역할을 할지도 모른다. 지금의 청춘은 언젠가 언론을 통해 그들을
보면서, 과거를 회고하게 될 것이다.

　　역할은 처음부터 나뉘는 것이 아니다. 20년 전부터 어떻게
자신을 이끌어 갔는가와 연동된다. 20년 후의 여러분의 모습,
그것이 '꿈'인 것이다.

　　지금의 청춘들은 훗날 무엇으로 이름 지어질지 생각해 보자.
88만원세대? 헬조선세대? N포세대? 지금의 청춘들에게는
소극적이고 부정적인 이름뿐이다. 청춘들은 두 가지를 해야
한다. 개인적으로는 (또 반복해서 미안하지만) 열심히 노력해야 하고,
사회적으로는 기성세대에게 덤벼야 한다. 권력자들에게 대들어야
한다. 여러분들의 권익을 위해 독하게 싸워야 한다.

　　워치독(Watch Dog: 감시인, 감시단체)이 되어 중앙정부와 지방정부가
쓰고 있는 예산의 집행 내역을 꼼꼼하게 들여다볼 수 있어야 한다.

　　제대로 집행이 되었는지, 집행된 일들이 얼마나 효과가
있는지 샅샅이 공개하게 하고, 재정 집행을 잘못한 공무원들을
찾아내야 한다. 청춘들은 국민의 세금이 얼마나 방만하게
쓰이는지, 선심성으로 만들어진 건물들과 공원들에서 어떤 일들이

벌어지는지 들여다보기 바란다.

상가보다 화려한 대학 건물을 볼 때마다 왜 이렇게 많은 돈을 들여 꾸미는지 항상 궁금하다. 대학이 청년정신·창업정신·학문정신을 학생들에게 추동해 주려 한다면, 대학 내 커피점 하나라도 학내에서 창업하고자 하는 이들에게 실험장으로 제공해 주면 안 되는 것일까? 워치독의 시선으로 보기 시작하면 대학 내에 대기업 프랜차이즈들이 들어오는 것도 다르게 보이지 않을까?

청춘은 나라의 미래다. 저출산·고령화 사회에서 청춘은 귀한 사람들이다. 그러니 돈이 없어도 등록금 걱정 없는 대학 시스템을 만들어 달라고 하고, 잠 잘 곳도 마련해 달라고 요구하라. 쓸 데 안 쓰고, 다른 데 써서 그렇지 나라에는 분명히 돈이 있다. 나라에서 엉뚱하게 쓰면서 책임지지 않는 돈들을 찾아내어 책임을 묻고, 그 돈을 모아서 청춘들의 미래에 투자하게 하라.

나아가 청춘들은 출산과 아이 양육에 대해서도 나라에 지원을 더욱 강하게 요구해야 한다. 출산 장려 정책에 청춘들이 콧방귀도 뀌지 않는 이유는 현재의 재정 지원으로는 아이 키우기가 어렵기 때문이다. 아이들이 무슨 죄인가? 아무도 아이를 돌봐 주지 않는 세상인데, 누가 아이를 낳고 싶겠는가?

이것들은 충분히 요구해도 된다. 청춘이 북유럽에서 태어났다면 태내에서부터 복지를 보장받았을 것이고, 실직을 하든 취직을 하든 지금보다는 나은 환경에서 살고 있었을 테니 말이다. 대한민국에 태어났다는 이유로 헬조선 아이들일 필요는 없다. 요구하라. 나라에는 효과적으로 쓰면 청춘들에게 쓸 돈이 충분히 있다는 것을 잊지 말기 바란다.

이렇게 당당히 요구해도 될까? 충분히 된다. 교육·출산·육아·집 같은 것들은 우리들의 기본적인 삶을 지켜 주는 안전망이기 때문이다. 차상위계층, 하위계층으로 떨어지는 사람들의 생활을 유지할 수 있는 안전망을 만들어 줌으로써 그들이 다시 사회의 협력적 구성원으로 되돌아올 수 있는 길을 터주어야 한다. 지금 청춘들이 사회적 안전망을 만드는 노력을 게을리하면 20년 후, 대한민국은 사라질지도 모른다. 그러니 어른들의 정책과 사회적 활동을 잘 들여다보고 요구할 것은 당당히 요구하라.

주의사항이 하나 있다. 폭력적으로 요구하지는 마라. 폭력은 어떤 상황에서도 용인될 수 없다. 폭력은 해결책을 만들어 내지 못한다. 배운 만큼 이성적이고 합리적으로, 그러면서 집요하게 자신들의 미래를 위한 안전망을 만들어 가기 바란다.

25

그래도

'Beyond 기성세대'는 청춘이다

청춘이 무엇인가 해보고 싶어 말을 꺼내면 먼저 "안 된다"라고
말하는 어른들이 있다. 남의 이야기, 곧 논리와 이유를 제대로
듣지도 않고 무조건 안 된다고 말하는 어른들을 조심하라. 그러한
어른들은 자기가 안 된다고 말하는 이유조차 잘 모르는 경우가
태반이다. 관성적으로 "안 된다"라고 말하는 사람일수록 일상에서
깨어 있기가 안 되어 있는 이들이다.

청춘에게 안 된다는 말을 하는 어른들을 크게 두 부류로 나눌
수 있다. 하나는 일부 부모님과 선생님이고, 다른 하나는 일부 직장
상사다. 이들의 공통점은 청춘보다 나이가 많고, 청춘보다 사회적
지위와 재물이 많다는 것이다. 자신들의 말에 저항하기 힘든

청춘들을 앞에 두고 잔소리를 하는 데서 회열을 느끼거나, 자신의 무지와 프레임에 갇혀 의미 없는 말을 한다.

"안 된다"라고 무조건적으로 말하는 어른보다 더 나쁜 사람이 있다. 말 앞에 콕 짚어 '너'를 붙인 다음 "넌 안 돼"라고 말하는 어른들은 더 멀리해야 한다. 멀리하지 말고 그들에게는 강하게 저항해야 한다. 그들은 청춘에게 어떤 조언도 해줄 자격이 없다.

"넌 안 돼"라는 말은 성장하고 있는 청춘의 자긍심, 자존심, 자기 확신을 송두리째 갉아먹는 말이다. 언어폭력이며 인격모독이다. 청춘은 아직 자신의 기량을 1/10도 발휘하지 못한 상태다. 게다가 어른들 스스로가 청춘들에게 시키는 대로 하면 성공한다고 키워 오지 않았는가. 자기들이 청춘들을 그렇게 키워 놓고 무엇이든 할 때마다 "안 된다"라고 고함을 치면, 누워서 침 뱉기와 같다.

나는 일하면서 입버릇처럼 무조건 "안 된다"라고 말하는 사람들을 본다. 그러한 사람들 대부분은 생산성이라고는 전혀 없다. 아는 만큼 보이고, 보이는 만큼 인지한다고, 그들은 자신의 세계에 갇혀 상대방의 말을 대체로 듣지 않는다. 이성과 논리력이 부재한 자들이고, 상대방의 생각을 존중하는 마음도 없다. 그들의 공통된 특징 중 하나는 부하 직원에게는 거칠고, 상사들에게는 옆에서 보는 이가 민망할 정도로 예스맨이라는 것이다.

예스맨으로서 받는 내적 스트레스를 부하 직원에게 푸느라고 그러는지도 모른다. 하지만 윗사람과 자기 말은 다 옳고, 부하 직원들은 다 잘못됐다고 말하는 것을 보면 신기할 정도다. 나는 회의실에서 자기가 옳다고 주장하며 하급 임원들을 나무라다가 상관이 들어와서 하급 임원들의 의견과 똑같은 말을 하자, 바로 태도를 바꾸어 그게 맞다고 말하는 사람도 보았다. 솔직히 이러한 사람들의 처세술은 신기하다 못해 경이로울 정도다.

나는 자라면서 어머니로부터 "안 된다"라는 소리를 들은 적이 거의 없다. 한강에 88올림픽도로가 생기기 전에 그곳 모래사장에 가서 놀곤 했다. 그때 어머니로부터 물에 들어가지 말라는 소리를 몇 번 들었다. 그나마도 이유 없이 안 된다고 하지 않고, '물귀신' 이야기로 나의 혼을 쏙 빼놓음으로써 물에 들어가지 않게 하셨다. 아기를 낳다 죽은 귀신이 물속에 있다가 아이들이 오면 자기 아기인 줄 알고 '아가, 아가' 부르며 잡아간다는 이야기를 하시자, 나는 자연스럽게 물가에 가지 않게 되었다.

그 외에는 지금까지 어머니로부터 안 된다는 말을 들은 기억이 거의 없다. 오히려 부족한 점이 많은데도 어머니는 칭찬을 더 많이 하셨다. "너는 할 수 있어." "너 잘하는구나." "너는 정말 자랑스러운 아이야." 아직도 어머니의 칭찬은 끊이지 않는다. 어머니 눈에는 내가 세상에서 가장 예쁘고, 착하고, 똑똑한 딸이다.

내가 정말 그러한 사람일까? 당연히 아니다. 나는 실수도 많이
했고, 어머니가 원하지 않는 일도 많이 했다. 살면서 어머니를
실망시켰던 일들이 하나둘이 아니었지만, 그럴 때에도 나는
어머니가 입술을 꽉 깨무시는 모습을 보았을 뿐이다.

어머니는 모든 일에 안 된다고 말하면 정말 일이 안 풀리고,
된다고 말하면 일이 풀린다는 이야기를 자주 하셨다. 어머니가
아니었다면 나는 성장하면서 겪어야 했던 사회적 편견에 의한
차별에 계속 고개를 숙였을지도 모른다.

자신의 무지와 편견을 극복하지 못하고 "너는 안 돼"라고
말하는 어른도 있지만 악독한 이유로 말하는 어른도 있다. 그들은
자신의 이권을 위해 상대를 돌봐 주는 척, 이해하는 척, 관심을
두는 척한다. 그들은 "넌 이것만 해야 해. 넌 저런 것은 못 해" 같은
말을 주술처럼 되풀이하면서 청춘을 길들인다. 자신의 이해득실에
따라서 청춘들이 할 일과 해서는 안 될 일을 정하는 어른들은 아주
나쁘다. 이러한 어른들도 특히 조심해야 한다.

다음으로 조심해야 하는 어른은 가르치려고만 드는 어른이다.
이들은 자신이 청춘보다 우월하다는 자의식이 너무 강해
청춘으로부터 배우려고 하지 않는다. 세상을 살아 보면 알게 된다.
나이가 많다고 알아서 지식이 늘어나고, 나이가 적다고 지식이
적은 것은 아니다. 오히려 지식은 얼마나 많이 생각하고 실천하며

살아왔는가에 따라 달라지는 삶의 문제다.

휴가를 맞이하여 아이와 함께 중국 여행을 간다는 친구를 만나 저녁을 먹었다. 친구는 아이가 게임에 빠져 있다며 걱정이 많았다. 중국 여행을 함께하면서 게임기로부터 아이를 떼어 놓고, 이 세상에는 다른 즐거움이 많다는 것을 보여 주려고 여행을 준비했단다. 일정이 어떻게 되냐고 물었더니, 역사를 많이 가르쳐 주는 여행을 하겠다는 것이었다. 나는 질문을 던졌다.

"자금성을 보면서 가장 먼저 할 질문이 뭘 것 같니?"

친구가 답했다. "자금성의 역사?"

"나라면 자금성이 왜 빨간색인지를 물을 것 같아. 그다음 중국인들은 자금성을 왜 그렇게 크게 지었는지를 물을 테고, 바로 화장실이 어디에 있는지를 묻겠지. 나라면 감각적으로 먼저 다가오는 것들을 묻고 답하면서 자연스럽게 자금성에 흥미를 느끼게 하고, 그다음에 역사를 설명해 줄 것 같아."

친구는 어린 시절부터 역사학자가 되고 싶어 했다. 지금도 틈만 나면 역사책을 읽으며, 노후도 역사를 공부하며 보내고 싶다고 말하는 친구다.

"역사는 네가 좋아하는 것 아냐? 아이가 좋아하는 게임은 싫고, 역사는 네가 좋아하니까 아이도 함께 좋아해야 하는 거야?" 말이 시작되자 나는 잔소리를 늘어놓았다.

"요즘 아이들은 우리와 달라. 난 아이들이 이제 군이 대학에 안 가도 된다고 생각할 정도야. 대학에서만 배울 수 있는 것은 없어. 우리가 청춘이던 시절과 지금 아이들의 세상은 다르단 말이야. 나라면 아이에게 무엇을 가르칠 것인가를 고민하기보다 내 아이에게서 무엇을 배울지를 고민하겠다. 요즘 아이들은 어떤 생각을 하고, 어떤 문화 속에서 사는지 배우는 일이 더 재밌지 않겠니? 아이에게 부모 노릇을 하지 말고 친구가 되려고 해봐. 눈높이를 같이해서 아이의 눈으로 세상을 보면, 네가 변할 거야. 그렇게 되면 너의 삶에도 변화가 올 거야."

게임에 빠진 아이가 문제라고 말하던 친구는 이야기 말미에 이르자 아이가 아니라 자기가 문제였던 것 같다고 했다.

맞다. 내 친구가 문제고, 어른이 문제다. (친구야, 미안해. 내가 이렇게 써도 이해해 줄 거지?) 요즘 사회 문제 중 하나가 부모 자식 사이의 갈등이라고 한다. 아이들이 말하는 것과 어른들이 듣는 것을 잘 살펴보면, 당연히 갈등이 있을 수밖에 없다. 서로 듣지 않는다. 대화를 위해서 먼저 상대의 의견을 들어야 하는데, 대부분 귀는 막고 입만 터놓았다. 특히 어른들 말이다. 듣지 않고 가르치려고만 한다.

아이들의 세상을 그들의 눈높이에서 보면 쉽게 이해가 된다. 그런데 아이들의 시선으로 보려 하지 않는 이유는 어른들이 권위주의와 우월감에 빠져 있기 때문이다. 자신만이 옳고, 아이들은 모르는 것들이 많아 무지하고 잘못된 판단을 한다고 생각하기에 그러한 태도가 나온다.

세상은 무섭게 변한다. 아이들만의 흥밋거리는 따로 있다. 아이들은 어른들이 어린 시절에 못 이룬 꿈을 이루어 주는 대리 만족의 대상이 아니다. 아이들이 스스로 원해서 세상에 나온 것도 아닌데, 어른들이 밥을 먹이고 학교를 보내 주는 사람이라며 우월적 지위를 남용하니 대화가 될 리가 없다.

어른들도 완전체가 아니다. 사회생활을 하며 매일 깨지고 밟히다가 집에 돌아온다. 그 과정에서 무엇이 옳고 그른지 가치관을 재점검할 시간조차 없이 경제 활동의 쳇바퀴 안에서 살아간다. 생계 유지, 가족 부양, 자아 실현의 삼중고 속에서 낙오자가 되지 않기 위한 어른들의 몸부림을, 그들의 사회생활에 '인턴'을 해본다면 조금은 알게 될 것이다. 어른이기 때문에 그들의 등에 얹혀진 무거운 짐과 그로 인한 고통이 그들을 얼마나 옥죄는지 말이다.

"넌 안 돼", "넌 이걸 해야 해. 저건 하지 마" 하는 어른들을 피하라. 하지만 많은 어른들은 자신에게 주어진 환경 속에서 최선을 다해 청춘에게 필요한 조언을 하려고 노력하는 사람들이니

그들이 완전체가 아니더라도 이해해 주는 아량을 청춘들이
가졌으면 좋겠다.

26

부패 없는 나라

청춘에게 달렸다

TV를 보면 게임 중에 일어나는 반칙을 웃음의 요소로
가져가는 예능 프로그램이 있다. 가끔 보는데, 볼 때마다 기분이
썩 좋지 않다. '게임'에는 항상 규칙이 있다. 게임이 진행되려면 게임
참가자 모두가 규칙에 동의한다는 전제가 필요하다. 그런데 반칙은
서로가 동의한 규칙에 대한 위반이다. 예능 프로그램을 심각하게
볼 필요는 없다고 말하지만 내 생각은 조금 다르다. 재미있으면
반칙도 허용될 수 있다는 정서가 사람들 사이에 스며들까 두렵다.

반칙이 횡행하는 사회는 부도덕하고 원칙이 없으며 불투명하다.
사회에 도덕과 원칙, 투명성이 부재하면 부정부패가 만연해진다.
그러한 사회에서는 기득권자나 힘센 자가 계속 더 많은 득을 보게

되어 있다. 서로의 동의가 아니라 힘이 규칙을 좌우하기 때문이다.

반면에 시스템이 정비된 사회에서는 반칙이 용인되지 않는다. 사람들이 동의한 규칙은 반드시 지켜야 한다고 생각하는 사회일수록 질서가 잡히고, 투명해진다. 그러한 사회에서는 경쟁과 경쟁의 결과로 인해 변화가 계속 발생한다. 사회가 정체되지 않고 탄력이 넘치며 활기가 생긴다. 그런데 우리나라는 어떤 나라인가?

우리나라는 참 이상한 나라다. 경제 대국이면서도 부패가 심하다. 대부분의 선진국은 경제와 도덕성의 수준이 함께 가는데, 우리나라는 이 차이가 크다. 경제 규모는 세계 10위권인데, 부패지수는 50위권이다. OECD 회원국들 중에서 부패지수만큼은 최하위권이다. 우리나라는 세계 자본주의 역사에서 단기간에 경제 성장을 이뤄 경제 규모는 선진국이지만, 부패지수만 보면 개발도상국 수준이다.

부패지수는 국제투명성기구(Transparency International)가 매년 발표한다. 주로 공무원들의 부패가 어느 정도인지를 눈여겨본다. 부패지수가 낮은 나라들은 북유럽에 모여 있다. 덴마크, 핀란드, 스웨덴 같은 나라들은 부패지수가 낮다. 이 나라들은 대통령을 비롯한 공무원들의 권력이 크지 않고 인권이 존중되며, 복지제도가 매우 잘 갖춰져 있다. 많이 버는 사람과 조금 버는 사람의 차이를 '능력의 문제'로 보지 않으며, '공유' 개념을 통해 세금을 거둬

나눈다. 빈부의 차이를 줄이려는 노력을 국가와 국민이 제도를
통해 함께하는 것이다.

북유럽 국가의 국민들은 2/3 이상이 고른 분배에 의한 삶에
동의한다. 국가 재정을 복지에 쓰는 일에 동의함으로써 많은
소득에는 어마어마한 세율이 적용된다. 그래서 적게 벌더라도
사람들은 세금을 활용해 학교도 가고, 실업수당도 받는다. 이
시스템 속에서는 나만 더 잘 살겠다고 부정부패에 관심을 가질
만한 목적성이 떨어진다.

반면에 우리나라는 OECD 국가 중 빈부 격차가 가장 크다.
버는 돈은 많은데, 이 돈이 흐르지 않고 한 곳에 집중된다. 다 같이
잘 먹고 잘사는 구조가 아니라, 어느 한 곳으로만 부가 흐르는
'구멍'이 있는 나라. 이 '구멍'이 어디에 있을까? 바로 부정부패에
있다. 겉보기에는 시스템이 건재하지만 뚫고 들어갈 수 있는 구멍이
있기 때문에, 그곳을 통해 돈이 흘러간다.

우리나라의 역사에 길이 기록될 '박근혜-최순실 국정농단
사건'은 권력과 경제, 그 사이에서 '구멍' 역할을 하는 사람들
틈으로 부가 어떻게 집중되는지를 잘 보여 주는 사례다. 최순실이
처음이었을까? 아마 아닐 것이다. 이미 이 나라의 역사 속에는
수많은 최순실들이 존재해 왔다. 그래서 부익부 빈익빈이 심해진
것이다. 그러니 나라는 부자처럼 보이는데, 다수의 개인은 가난을

면치 못하는 상황이 점점 심각해져 간다.

어느 주말에 청와대를 찾아온 한 석학과 노무현 대통령이 산책을 하던 때였다. 부정부패에 관한 이야기가 나왔다. 노무현 대통령이 아마도 '가진 자들에 대한 분노가 너무 크지 않은가?'라는 질문을 받았던 것 같다. 그 질문에 대해 이렇게 답했다.

"많은 사람들이 일상에서 부정부패를 저지르지요. 그러나 그들의 부정은 작은 겁니다. 그들의 부정을 잡는다고 나라가 변하지는 않습니다. 우리들이 싸워야 할 부패는 맨 위에 있는 자들의 부패입니다. 대통령은 그곳에서 싸워야 합니다. 그곳에서 싸워서 이겨야 부패가 아래로 흘러 내려가지 않습니다."

청춘에게 묻고 싶다. 부패를 어떻게 생각하는가? 청춘이 경험하는 일상에서의 부패는 무엇인가? 부패가 싫다면 어떻게 그것을 없애고 싶은가? 우리나라에서 유독 잘 팔린 책이 있다. 마이클 샌델(Michael Sandel)의 『정의란 무엇인가?』(*Justice: What's the Right Thing to Do?*)이다. 사회를 뒤흔든 질문과 같았던 책 『정의란 무엇인가?』에 대한 답은 지금 청춘들에게 있다고 말하고 싶다.

사람은 나이를 먹으면 버릇이든 생각이든 쉽게 고쳐지지 않는다. 그래서 공자는 사람 나이 마흔에 이르면 '불혹'(不惑)한다고 말했다. 불혹은 판단에 혼란이 없다는 뜻 혹은 판단에 흔들리지

않는다는 뜻이다. 나는 불혹을 "사람 나이 마흔에 이르면
고집불통이 되어 남의 말을 잘 듣지 않는다"라는 뜻으로 다르게
해석한다. 그만큼 '습'이 강해져 쉽게 바뀌기 힘들다는 의미다. (주로
지인들에게 농담처럼 말한다.) 권위주의도 적당히, 부정부패도 슬며시
몸에 배어 있다. 먹고살면서 '좋은 게 좋은 거야'라며 타협을
받아들인 탓이다. 모두가 그런 것은 아니지만 대체로 그렇다.

하지만 청춘은 다르다. 쉽게 말해 때가 덜 묻었다. 현실보다는
이상을 믿고, 꿈을 실현시키기 위한 갈망이 강하다. 때를 놓치지
말고 이 시기부터 부정부패와의 관계를 끊기 바란다. 부정부패는
종국의 악(惡)임을 각인하고 살았으면 한다.

일상에서 깨어 있기도 같은 뜻이다. 부패에 대한 비타협적
생활이 몸에 배인 사람과 그렇지 않은 사람은 끝이 다르다.
선진국의 회사들은 투명성에 있어 남다른 강제 수단들을 가지고
있다. 미국 회사들이 어떤 법의 적용을 받는지 알게 되면 깜짝
놀랄지도 모른다. 그들은 경영 구조 속에서 부패가 숨 쉴 구멍이
거의 없다. 잘못하다가 발각되면 패가망신이다. 오너라고 나라가
봐주는 일도 없다. 바로 감옥행이다.

미국에는 강력한 법제도가 있어서 그렇다고? 우리나라에도
법제도는 있다. 다만 법제도 안에서 빠져나갈 구멍이 얼마나

있느냐가 중요하다. 선진국일수록 그 구멍이 적다. 외국인들은 의아해한다. 그들은 우리나라의 경제 규모만 보고 우리나라를 선진국이라고 생각한다. 그러나 우리끼리는 알지 않는가. 문화가 발전하지 않으면, 생각이 성숙하지 않으면 돈이 아무리 많아도 그저 졸부에 불과하다는 것을!

27

청춘은 기득권으로부터

자유롭다, 그래서 미래다

부정부패에 이어 몇 가지 이야기를 더 하고 싶다. 지금부터의 이야기는 어른이 되어서야, 아니 어른 중에서도 조직의 중심으로 깊이 들어가야 알 수 있는 것들이다. 사회 지배계층의 정보력과 네트워크, 돈과 부정부패, 비도덕성이다. 이 요소들의 유기적 메커니즘을 얼마나 빨리 알고 어떻게 이용하는지가 한 사람의 부와 명예에 지대한 영향을 준다.

세종대왕의 「훈민정음」 서문에 모두가 잘 아는 문구가 있다. 그 시절의 말을 그대로 옮기면 읽기 힘들 것 같아 현대어로 그 내용의 핵심만 옮긴다.

나라 말이 중국과 달라

한자와는 서로 통하지 아니하므로

이런 까닭으로 어리석은 백성이 말하고자 하는 바가 있어도

마침내 제 뜻을 능히 펴지 못한 사람이 많으니라.

내 이를 위하여 가엾이 여겨

새로 스물여덟 자를 만드노니

사람마다 하여 쉽게 익혀 날로 쓰며 편안케 하고자 할

따름이니라.

이 글에서 중요한 부분은 '백성이 자신의 뜻을 제대로 펴지
못한다'라는 대목인데, 이는 정보력에 관한 내용이다. 정보의
흐름에 접근하려면 한자를 알아야 했던 시절이다. 그래서 한글은
한자를 이해하지 못하는 백성이 겪는 불편함을 덜어 주고자 만든
것이다. 이것은 '아는 것이 힘'이라는 말과 통한다. 정보를 습득할
수 있을 때 무지로부터 해방될 수 있기 때문이다. 글을 읽어 지식을
습득하면 그 지식을 바탕으로 행동을 하게 된다.

그래서 당시의 사대부들은 한글을 만드는 일에 반대했다.
백성들이 '깨우침을 얻게 되면' 반란이 일어날 것이라고 생각했다.
한글은 단순히 글자의 창제라는 의미를 넘어 사대부 사이에
독점되고 있던 정보를 백성들이 공유하도록 만듦으로써, 백성의

'생각과 행동'을 외부로 끌어내는 혁명적인 일이었다.

정보의 소유는 권력의 소유와 같다. 국가 간 정보 싸움, 기업 간 정보 싸움, 개인 대 개인 간의 정보 싸움에서 이기고 진 편 사이에 많은 차이가 발생한다. 예를 들어 개인적 차원에서 접근해 보자. 회사의 구조조정이 언제 어떻게 일어날지를 먼저 아는 사람은 그에 대한 대응 시간이나 방식도 달라진다. 먼저 알면 적어도 넋 놓고 당하지는 않을 것이다.

사회에서 지배계층이라 함은 정보에 대한 접근 권한이 많은 사람들을 의미한다. 간단히 대통령과 청와대를 생각해 보자. 대통령을 위해 일하는 모든 조직은 매일 정보를 생산해 낸다. 정보가 보고서가 되어 대통령의 책상 위로 올라간다. 대통령은 자신에게 올라온 보고서와 접근 권한이 있는 사람들과의 대화를 통해 결정을 내린다.

대기업들의 회장 비서실도 정보를 최종 수합하는 곳이다. 미래전략실 같은 부서에서 모든 자원을 동원해 고급 정보를 모아 오면 비서실에서는 고르고 골라 회장에게 보고한다. 회장은 최고급 정보들을 받아 이를 회사 운영에 활용한다.

'접근 권한'도 중요하다. 접근 가능성도 힘이기 때문이다. 정보력과 의사 결정권을 가진 사람들에게 누가 얼마나 많이 접근할 수 있는가? 이 접근성에는 학연, 지연, 혈연이 아주 중요한 역할을 한다. '끼리끼리' 모인다는 뜻이다.

돈도 중요하다. 돈이 있어야 정보를 구할 수 있고, 돈이 있어야 학연, 지연, 혈연을 뛰어넘는 금전관계를 발생시킬 수 있다. 대통령이 그만한 정보를 받을 수 있는 이유는 수십조에 달하는 국가의 재정을 움직이는 사람이기 때문이다. 공무원들은 정보의 생산자다. 정보의 원재료가 생성되고 이것이 가공되는 과정에 고급 인력들이 무수히 투입된다. 대통령으로 상징되는 정부기관 공직자들의 힘은 정보력에서 나온다.

대기업도 마찬가지다. 중소기업의 정보력과 대기업의 정보력엔 비할 수 없는 차이가 있다. 민간 사회에서 정보력은 돈을 주고 구매하기 때문에 기초 자본이 튼튼한 대기업의 정보력을 작은 기업들이 넘어서기는 쉽지 않다.

정보력, 접근 권한, 돈, 이 세 가지를 다 가진 사회 지배계층은 그것들을 가지고 무엇을 할까? 다시 더 많은 정보력, 더 강한 접근 권한, 더 많은 돈으로 확장시키기 위해 노력한다. 이 과정에서 도덕적으로 활동하면 '좋은 어른'이 되고, 부정부패를 수단으로 하여 자신들의 권한을 강화시키면 '나쁜 어른'이 되는 것이다.

기업에 있을 때였다. 전직 장관이었던 어른이 취업 청탁을 해왔다. 당사자가 직접 하지 않고 그의 측근을 통해 이력서를 보내왔다. 이력서를 인사부에 넘겼더니 이미 지원했지만 면접에서 떨어진 사람이라고 했다. 나도 인사부의 의견을 전하며 취업이 어렵다고 말했더니 갑자기 그 사람의 아버지 이야기가 나왔다. 군 장성의 아들인데 우리 회사에 꼭 취직을 시켜 주어야 한다는 것이다. "회사 임원이 그것도 못해 주냐"라는 소리도 들었지만 결국 그 사람을 임용하지 않았다.

펄펄 뛰던 전직 장관의 모습을 생각하면 지금도 당황스럽다. 그 군 장성은 누구였는지, 그 아들은 지금 어디에 취직해서 일하고 있는지도 궁금하다.

나는 그 일을 겪으면서 많은 것을 느꼈다. 20대에 그토록 어렵던 취직이 관리자가 되어 사람을 임용하는 위치에서 보니 달랐다. 좋은 직장으로의 취직이 누군가에게 너무 쉬운 일이겠다는 생각이 들었다. 참 뻔한 말처럼 들릴 수 있겠지만 직접 경험해 보면 분노를 감출 수가 없다.

유리천장은 눈에 보이지 않지만 존재한다. 좋은 직장에서 10명을 임용할 때, 어떤 자리는 내정된 사람이 있었다. 그래서 일반 취업자들이 실제로 가져갈 수 있는 자리는 10개가 아니었던 적도 있다.

기업보다 더한 곳은 정부기관들이다. 그곳들은 공채를 한다지만 실제로는 '내정자'들을 두고 있는 경우가 종종 있는 것으로 여겨진다. 유명 회계법인의 한 회계사가 정부기관의 공개채용

심사위원이 되었을 때 겪었던 이야기를 들려주었다. 내정자가 있으니 점수를 어떻게 주라는 소리를 들었단다. "해도 너무 하는 것 아닌가" 하며 고개를 저었다.

정부기관만이 아니다. 대학교수 임용에도 내정자들과 다른 후보들의 싸움이 대단하다. 형식상 2배수, 3배수를 마지막까지 올려놓고, 면접이라는 요식행위를 거친 후 내정자들을 임용한다.

이 책에서 계속 노력만이 살 길이라고 했던 이유는 간단하다. 금수저라는 1차 장벽, 내정자라는 2차 장벽을 뛰어넘을 수 있는 유일한 무기는 오직 노력을 통해 얻은 실력밖에 없음을 절감했기 때문이다. 나중에 실력 하나로 바늘구멍을 뚫은 친구와 술을 한 잔 마시며 이야기를 나누었다.

"우리 여기까지 오느라고 고생 많았다!"

나도 친구도 이 문이 얼마나 좁았었는지 시간이 지난 후에야 알았다. 그날 우리는 이 문을 넓히자고 결의했다.

"우리의 후배들은 고생 좀 덜하면서 이곳에 이르도록 우리가 문을 활짝 열어 주자!"

결의를 하면서도 씁쓸하고 허탈했던 기억이 난다.

사회 지배계층 안에서 가장 놀라운 점은 비도덕성이다. 오랫동안 대를 이으며 비도덕성이 집안의 '습'으로 몸에 밴다. 비도덕성은 재물과 권력에 대한 탐심이 사회적 규약을 넘어서는 상황에서 발생하는데, 그 이유는 문제가 생겨도 벌을 받지 않는 일이 많았기 때문이다. 누구는 빵 하나를 훔쳐도 감방에 가지만, 누구는 국민이 낸 세금을 기업의 승계에 활용해도 슬쩍 넘어갈 수 있는 세상이기 때문이다. 리그 안에서 벌어지는 관계를 이용한 봐주기가 '도덕성'이라는 말을 지운 지가 너무 오래되어 그들조차도 왜 비난을 받는지 모르는 경우가 많다.

돈과 권력이 나쁘다는 이야기를 하는 것이 아니다. 나는 돈과 권력을 질투하지도 않고, 그것을 가진 사람들에게 무조건적인 혐오감 같은 것도 없다. 돈도, 권력도 있으면 좋다. 정직하게 벌어 즐겁게 쓰고, 능력대로 권력을 얻어 만인의 보편적 행복을 증가시키는 일에 사용하는 것이 중요하다고 생각할 뿐이다.

30대에 장관을 했던 정치계의 원로 한 분에게 권력이 무엇인지를 물은 적이 있다. 그의 대답은 인상적이었다.

"권력은 부림의 수단이 아니라 경외의 대상입니다. 권력은 너무나 무섭고 힘이 센 것이어서 경외하는 마음으로 그것을 다루지 않으면 반드시 사고를 냅니다. 지금의 정치인들이 권력을 경외하는 마음으로 대한다면, 함부로 쓰지 않을 수 있습니다."

권력 남용, 부정부패만 없어도 이 나라의 부패지수가 이토록 참혹하지 않을 것이다. 우리나라의 부패지수가 높은 이유를

염두에 둘 필요가 있다. 공무원과 지배계층의 도덕적 해이
상태가 지속되기 때문이다. 이 상태를 종식시켜야 한다. 이것이
지금 청춘들의 과제이자 끊임없이 고민해야 할 사회적 이슈라고
생각한다.

청춘의 조부모가 나라의 경제를 일으켰고 부모는 민주화를
이루었다면, 청춘은 이제 경제와 정치 모두에서 부패 없는 나라가
되도록 집단적 힘을 쏟으면 어떨까 제안해 본다. 그래서 이후
청춘이 내 세대가 되었을 때, "우리는 이 나라를 부정부패 없고,
투명한 나라로 만든 세대"라고 말할 수 있다면, 그것이 지금 세대가
대한민국에 공통으로 기여한 최대의 업적이 되지 않겠는가!

청춘은 미래다.

저출산·고령화 사회에서 청춘은 귀한 사람들이다.

그러니 돈이 없어도 등록금 걱정 없는

대학 시스템을 만들어 달라고 하고,

잠 잘 곳도 마련해 달라고 요구하라.

쓸 데 안 쓰고,

다른 데 써서 그렇지 나라에는 분명히 돈이 있다.

나라에서 엉뚱하게 쓰면서

책임지지 않는 돈들을 찾아내어 책임을 묻고,

그 돈을 모아서 청춘들의 미래에 투자하게 하라.

나아가 청춘들은 출산과 아이 양육에 대해서도

나라에 지원을 더욱 강하게 요구해야 한다.

7

인빅터스를 꿈꾸라!

28

부모에게 효도하라

하늘을 섬기듯이

이 글의 제목에서 아마 '이토록 고루한 이야기라니' 하며
놀랄지도 모르겠다. 유교적인 분위기가 너무 강하다며 반감을
가질 수도 있겠지만, 내 이야기를 조금만 더 들어 주시길 바란다.
나는 어릴 때 '신체발부수지부모(身體髮膚受之父母)'라는 말을
배우며 자랐다. 나의 육신은 부모에게서 왔다는 뜻이자, 더 나아가
육신이자 생명을 주신 부모님께 잘하라는 말이다.

한 아이를 떠올려 보자. 갓난아기 시절부터 생각해 보면
더 좋겠다. 이 아이가 스스로 무엇을 할 수 있었을까? 아이는
아마 원하는 것이나 불편한 것이 있을 때마다 오직 울음소리와
버둥거리는 몸짓 하나만으로 표현한다. 머리도 스스로 가눌 수

없어서 누워 있던 시절부터 아장아장 걸으며 자라서 독립할
때까지 부모님의 손 안에서 보호받으며 산 날들이 최소 20년이다.

아이가 자라는 20년의 세월은 부모의 30~40대와 겹쳐진다.
가장 왕성하고, 가장 아름답고, 가장 멋지다는 30~40대의 시간을
부모들은 아이를 키우며 보낸다.

실제로 부모들은 아이가 태어난 때부터는 자신 또는 그 자식이
숨을 거둘 때까지 '돌봄이'로 역할한다. 그래서 부모의 수치는
자식을 잘 돌보지 못하는 것이 된다. 자신의 역할을 다하지
못했다고 생각하는 것이다.

또한 부모들은 경쟁적으로 자식을 조금이라도 더 나은
사람으로 만들기 위해 무리까지 하면서 나름의 방식대로 애를
쓴다. 직장에서 험한 일을 겪어도 부모들은 자식을 생각하며
견딘다. 그 일들이 얼마나 혹독한지 청춘들은 상상조차 하기 힘들
것이다.

물론 청춘에게도 할 말은 있다. 내가 원하지 않았는데 세상에
나왔다고 하겠지만, 부모도 자식을 선택할 수 없었다. 그러므로
'나'로 여겨지는 자식과 부모의 만남은 애초부터 서로에게 운명적인
관계일 수밖에 없다. 여기에 '모성애'와 '부성애'는 자식을 낳아
보지 않은 사람은 도무지 알 수 없는 사랑이다. 특히 모성애는 그
끝을 알 수도 없다.

염냥거미와 비탈거미는 알을 낳은 후, 새끼 거미들에게
자신의 살을 먹이로 내어 준다. 영하 40도의 남극에서는 수컷
황제펭귄들이 새끼를 키우기 위해 눈만 먹으며 2개월 동안
알을 품고 있으며, 새끼들을 보호하기 위해 한 덩어리로 모여
혹한으로부터 집단 바람막이 역할을 한다.

'내리사랑'은 진리다. 부모는 늘 자식을 찾는다. 자식은 또
자신들의 자식을 낳아 내리사랑의 길을 간다. 가끔 한 번쯤 올려다
보라. 지금 부모님이 어디에서 무엇을 하고, 어떤 모습인지 보자.
부모들은 몸을 먹이로 내어 주는 어미 거미의 모습과 다르지 않을
것이다.

나는 가끔 대중목욕탕에 가면 욕조에서 나오는 할머니들의
몸을 물끄러미 바라본다. 나의 미래이기도 한 할머니들의 몸은
머리부터 발까지 아래로 늘어져 있다. 가슴은 거죽만 남았고 등은
굽었으며, 골반뼈도 툭 튀어나왔다. 머리카락은 가늘고 힘이 없다.
움직임도 느리다. 그리고 아랫배 거죽은 그 안이 한껏 차올랐다
꺼진 것처럼 늘어져 있다.

할머니들의 10대, 20대를 상상해 본다. 청춘 시절에 얼마나
아름다웠을까? 아이에서 소녀가 되고, 소녀에서 여자가 되고,
여자에서 어머니가 되고, 어머니에서 이제 죽음을 바라보는
할머니들의 몸을 보며 경외감을 느낀다. 그녀들의 몸에 아름다움의

잣대를 들이대는 것은 경박한 짓이다. 그녀들은 인류를 보전하고 융성시키는 모태라는 점에서 무엇과도 비교할 수 없는 위대함을 가지고 있다. 가슴 저리게 슬프면서 위대한 여성이 할머니들이다. 우리들의 어머니들인 것이다.

나는 적지 않은 청춘들과 직접적으로 교류하며 살고 있다. 그러면서 그들의 부모와도 교류를 하게 된다. 함께 걱정하고, 방향을 찾는다. 그럴 때마다 청춘들보다 부모의 마음이 더 간절하다는 것을 느낀다. 자식을 찾는 부모의 마음이 얼마나 절박한지 청춘들은 모른다. 대화가 단절된 자식을 향한 부모의 간절함을 자식은 모른다.

그렇다고 해서 부모가 다 좋은 건 아니다. 앞서 어른이 완전하지 않다고 말한 것처럼 부모도 완전하지 않다. 살아온 환경, 경험, 지식에 따라 천차만별이다. 그들 중 많은 이들은 편견에 휩싸이고 자신이 옳다는 생각에 매몰되었으며, 그래서 자식을 가르치려고만 한다. 대화가 불가능할 정도로 꽉 막힌 부모를 볼 때면, '하느님 맙소사!'를 연발하게 된다.

그러나 그것이 인간이다. 우리는 누구도 완전하지 않다. 나뿐만 아니라 많은 어른들 그리고 부모도, 청춘도 모두 모순투성이다. 이 사실을 인정하고 서로를 보면 이해의 여지가 생긴다.

청춘과 부모는 살아가면서 다양한 상황에 따라 서로를

변화시킨다. 그러나 물리적 나이 차이는 변하지 않는다. 그 간격은 절대 좁혀지지 않는다. 부모는 언제나 앞서 간다. 청춘이 나이 들면서 맞이하는 모든 시점을 부모가 이미 거쳐 지나갔다.

나는 어머니가 당신 나이 서른넷에 처음으로 흰머리가 하나 났다며 뽑은 것을 기억한다. 그리고 내 나이 서른넷에 나도 어머니와 똑같은 자리에서 흰머리를 뽑았다. 신기했다. 어머니의 모습이 곧 나의 미래였다. 모든 것이 바뀌어도, 제아무리 부와 명예를 가진다 해도 나는 어머니의 뒤를 따라갈 것이다. 어머니가 이 세상을 떠나고 난 뒤에 나 또한 어머니처럼 되리라는 것을 안다.

이 글을 읽는 청춘들의 부모님도 그러하리라. 청춘들의 부모님들도 그들의 부모를 따라가고 있다. 영원한 청춘이 없는 것처럼 청춘도 같은 길을 가게 될 것이다. '나이는 숫자에 불과하다'라며 기를 쓰고 젊게 살려 하지만, 자연이 스스로 생성과 변화, 소멸의 과정을 멈추지 않듯, 우리도 자연과 똑같이 변해 갈 것이다. 아이러니하게 들리겠지만 청춘의 미래는 '부모'인 것이다. 그러니 천륜이라는 운명적 관계를 소중히 여기고, 자신을 위해 뼈와 살을 깎아 낸 부모님의 은혜에 감사한 마음을 늘 갖기 바란다.

이 마음은 남을 위한 일이 아니다. 사람의 외연은 내면의 전시장이다. 부모님을 소중히 여기는 태도도 '품성'의 하나란 뜻이다. 사회는 품성이 좋은 사람에게 호감을 둔다. 집안이 좋다는 말은 돈과 명예만을 의미하지 않는다. 돈과 명예만 중시하는 사람들끼리 결혼해서 행복한 경우는 거의 보지 못했다. 오히려 행복한 부모, 서로에 대한 예의가 충만하고 가족 사이에 사랑이 넘치는 집안과 결혼한 이들의 행복도가 훨씬 높다는 것을 수없이 목격했다.

행복은 노력의 결과다. 이해하고, 배려하고, 사랑하고, 매사에 감사하는 마음을 갖는 노력이 '습'이 되고, 그 '습'이 행복이 된다. 오늘 내가 부모에게 관심을 두고 내리사랑이 아니라 '치사랑'을 만들기 위해 꾸준히 노력할 때, 그것이 자신의 미래가 된다. 나의 자식도 미래에 내가 했던 행동을 보며 따라할 것이다. 이 또한 '선순환'이 아니고 무엇이겠는가?

효도의 방법은 다양하다. 저마다의 처지에 맞게 꼭 실천하라. 가장 큰 효도는 부모님을 자주 찾아뵙는 것이다. 바쁘면 전화라도 매일 하기 바란다. 용돈을 아낌없이 드려라. 부모님은 그것을 꼬깃꼬깃 모았다가 도로 당신에게 건넬 것이다. 그것이 부모의 마음이다.

한편으로 국가도 이 '효도'를 개별 가족 간의 문제로만 보지 않았으면 좋겠다. 국가는 국민이 세대 간 갈등을 줄일 수 있도록 많은 방법들을 강구하고, 부모를 돌보려는 자식의 마음에 대해 격려와 보상을 해주어야 한다.

예를 들어 부모를 모시는 이들에게 비용만큼의 소득공제를 해주는 방법도 있다. 부모님에게 용돈을 주는 자식들, 부모들의 공과금을 대납해 주는 자식들의 소득공제는 액수가 크지 않을 것이다. 그렇다 해도 우리 사회가 자식과 부모 간의 관계에 많은 관심을 가지고 있음을 보여 줄 필요가 있다.

부모는 공기와 같은 존재여서 늘 있는 것이라고 생각해서는 안 된다. 부모는 삶의 가장 큰 보호막이고 남편이나 아내를 넘어서는 자신의 완전한 지지자들이다. 또한 삶의 원천이기도 하다.

29

'내 편 네 편'

기웃 말고
자유롭게 춤추자

나는 이 글을 쓰는 동안 청춘들에게 "청춘은 곧 무엇이라고 생각하는가?"라는 질문을 많이 던졌다. 다수의 청춘이 '자유'라고 답했다. 그만큼 자유에 대한 갈망이 많고, 억압에 대한 저항도 크다고 느꼈다.

청춘들에게 내가 아직 묻지 못한 질문을 하고 싶다. 자유란 무엇인가? 청춘은 자유롭게 살고 있는가?

자유의 철학적 맥락에 대해서는 내가 할 말이 없다. 내가 하고 싶은 말은 모두 존 스튜어트 밀(John Stuart Mill)의 『자유론』(On Liberty)에 담겨 있다. 1859년에 출간된 이 책의 내용은 오늘날에 쓰였다 해도 손색이 없을 만큼 현대의 문제들과 긴밀하게 연결되어 있다. 영국사에서 가장 번영기였던 빅토리아 시대의 영국인들은 다른 나라 국민들보다 자유를 누릴 수 있었고, 사회의 진보와 개혁에 대한 갈망도 컸던 것 같다. 경제가 성장하고 민주주의가 발전하면 사람은 누구나 개인의 자유를 고민한다. 개인과 집단의 관계에 있어서 집단의 행복, 집단의 권리, 집단의 자유 이전에 개인의 자유는 어디까지 보장받아야 하는지 고민하는 것이다.

밀은 자유를 세 가지 영역으로 나눈다. 하나는 사상과 양심의 자유, 또 하나는 개인의 취향에 따라 취미하고 탐구할 수 있는 자유다. 마지막으로는 서로 단결할 수 있는 결사(結社)의 자유다. 그는 자유에 대해 한 인간에서부터 사회에 이르기까지 다양하게 사고했다.

밀은 개인의 자유는 공공에게 피해를 주지 않는다면 최대한 보장되고 즐길 수 있어야 한다고 말했다. 그는 관습과 편견, 그리고 집단적 이해관계를 이유로 개인의 사생활에 간섭하고 개인을 박해하는 문화에 비판적이었다.

나는 이 점에 크게 공감한다. '패'를 만들어 편을 가르고, 같은 편이 아니면 상대방을 힘으로 학대하는 문화, 이것이 아니면 저것을 선택하라며 강요하는 문화, 집단의 보편적 성향과 개인이 조금이라도 다르면 따돌리는 문화, 이러한 문화는 비주류나 소수 의견에 대해 집단적으로 폭력을 가한다. 집단의 동의를 얻어 형성된 의견, 곧 다수의 의견인 여론은 맞을 수도 있지만 틀릴 수도 있다.

인간에게 군중심리는 행동을 자극하는 큰 요인이다. 집단 안에서 편안함을 느끼기 때문에 집단에 소속되기 위해 개인의 생각보다 다수의 생각을 따르는 경향이 있다. 히틀러의 선동에 넋을 잃은 독일인들이 인종 학살에도 양심의 가책을 전혀 느끼지 않았던 시절이 있었다. 매카시즘이 발동되자 '빨갱이'라며 동료 예술인들을 감옥으로 보냈던 미국의 사례 또한 무시무시한 일이다.

집단의 횡포로 인한 전쟁과 학대, 부당함을 보았던 인류는 그럼에도 불구하고 계속 과오를 반복한다. "우리 독일인을 파멸시키려는 유대인을 파멸하라"는 나치의 만행이 있었던 2차 세계대전 이후에도 여전히 어딘가에서는 인간을 학살하고 있다. 1992년 보스니아 내전에서 세르비아인들은 '인종청소'라는 끔찍한 명명 속에 알바니아계 무슬림 25만 명을 학살했다. 알바니아 여성들을 강간하고, 강제로 아이를 낳도록 만들었다. 지구상에서 알바니아인의 피를 완전히 없애기 위한 방법이었다고 한다.

세계 곳곳에서 벌어지는 전쟁과 살육은 사라진 것 같다가 좀비처럼 또 끊임없이 되돌아온다. 죽지 않고 계속 살아나는 편견과 불편부당과 집단적 이기주의에 기반한 합리화를 통한 타자 학대! 물질(돈)과 지배력 강화를 위해 이기주의가 만들어 내는 편 가르기와 괴롭힘, 싸움, 전쟁이 인간 사회의 진정한 좀비는 아닐까?

우리에게는 보편성에서 벗어나는 것을 다름이 아니라 불편함으로 여기는 문화가 있다. 나는 이 문화에는 좀체 익숙해지지 않는다.

각자의 차이가 받아들여지는 사회는 개방된 곳이다. 개인의 생각과 행동이 불편함이 아닌, 다름으로 존중되기 때문에 누구나 자기를 자유롭게 표현하고, 그 과정에서 천재성이 발현될 수 있는 기회도 많아진다.

가장 똑똑한 사람들이 모여 있다는 나라, 전 세계에서 교육열이 가장 높은 나라, 세계 수학경시대회를 휩쓰는 나라에서 왜 스티브 잡스, 빌 게이츠, 마크 주커버그 같은 사람이 나오지 않는 것일까? 미국에서는 엘론 머스크가 달나라를 가는 프로젝트, 바닷속으로 들어가는 자동차를 만드는 프로젝트를 진행한다면 투자자가 몰리는데, 왜 우리나라에서는 상상이 현실을 만들지 못하는 걸까? 유럽과 북미에서는 새로운 사상과 이론들이 끊이지 않고 나오는데, 왜 한국에서 만들어지는 새로운 사상이나 이론은 없을까?

우리는 양말만 다르게 신어도, 귀걸이를 한쪽만 해도, 단추를 잘못 채워도 조금 모자라는 사람으로 본다. 집단의 일반적인 모습과 달라지면 이상하게 본다. 그것이 용인되는 동네는 예술 분야뿐이다. 예술은 파격과 차이를 집단적으로 용인해 준 분야이기 때문에 예술인들은 어떤 것을 해도 괜찮고, 오히려 트렌드를 주도하는 사람이 된다.

그러나 그 폭넓은 관용이 일상으로 오면 폭이 좁아진다.
일상생활에서 개인이 다른 모습을 보이면 수상한 사람이 될 뿐만
아니라 요주의 인물이 되기 십상이다.

우리나라는 환경적으로 개인의 창의성을 발현하기가 아주
어렵다. 주입식 교육은 말할 것도 없고, 다들 비슷하게 생긴
아파트에서 산다. 나는 아파트의 천정 높이가 같은 것만으로도
자라나는 청춘들의 창의성 발현에 심각한 문제가 생긴다고 믿는다.
우리의 일상은 놀랍도록 닮아 있다. 같은 모양새, 천정 높이까지
같은 집에서 층별로 나란히 잠을 자고, 나란히 화장실에 앉아 있고,
나란히 식탁으로 모이는 모습을 상상해 보았는가?

개인의 일상에서 자유는 어떻게 표출되는가? 입고 싶은
옷을 입고, 좋아하는 영화를 보고, 자고 싶을 때 자고, 일어나고
싶을 때 일어나고, 울고 싶을 때 울고, 춤추고 싶을 때 춤을 추며
살아가는가? 아니면 주변 사람들은 어떻게 사는지 흘끔거리며
자신의 의지와 다른 삶을 살아가는가? 자신이 누리는 자유는
무엇인지, 어떤 일을 하고 싶고, 또 어떤 일을 싫어하는지 잘
들여다볼 필요가 있다.

자유는 혼자만의 결정으로 누릴 수 있는 것이 아니다. 한
인간의 자유를 온전히 통제하려는 사람들이 있다. 대체로

부모들이다. 부모들은 보호하고 싶은 본능, 잘 키우고 싶은 욕구로 인해 자신들이 생각하는 최선의 방법으로 아이를 강제한다. 그럴수록 아이들은 숨을 못 쉬겠다고 아우성을 친다.

명절 때마다 부모와 자식 사이에 대화가 줄어드는 것이 문제라고 말하지만, 어쩌면 말이 통하지 않는 부모와 대화를 단절함으로써 아이들은 나름의 해방을 추구하는지도 모른다.

대화 단절보다 더 큰 문제는 부모가 원하는 자식의 미래와 자식들이 하고 싶은 일들과의 괴리는 아닐까? 여전히 부모들은 자식들이 의사, 변호사, 대기업 직장인의 꿈을 갖길 바라는데, 자식들은 게이머, 배우, 가수 같은 업종을 선호한다. 부모의 성화에 못 이겨 대학에 가지만 공부보다 취미로 하는 음악에 더 관심이 많다. 그들은 호시탐탐 부모들로부터 해방되어 그 길을 가고자 노력한다. 그러면 부모들은 아우성을 친다. 우리 자식이 '딴따라'가 되려 한다고! 내 핸드폰에는 그들의 자식들이 만든 음악과 그림들이 가득 들어 있다. (하나같이 우수하다.)

자기 아이를 어떻게 했으면 좋겠느냐고 물어오는 부모들에게 나는 같은 답을 한다.

"그냥 하고 싶은 걸 하게 놓아 두세요."

그 뒤에 이 말을 꼭 붙인다.

"그리고 자식에 대한 금전적 지원을 끊으세요!"

우리나라 부모와 자식들은 악순환에 들어 있다. 부모는 자식의 나이가 서른이 넘도록, 요새는 마흔이 넘을 때까지 금전적인 지원을 끊지 않는다. 그러면서 한편으로 자식들을 자신의 기준에 맞추기 위해 최선을 다한다. 반면에 자식들은 부모의 안전망 안에서 자립심을 기르지 못한다. 또한 하고 싶은 일을 못하게 하는 부모에 대한 반항심도 크다.

부모들이 나를 그들의 자녀에게 소개시킬 때마다 나는 부모의 바람과 정반대의 조언을 해준다. 정말 원하는 것을 하며 살라고 말한다. 그리고 부모의 재정 지원을 받지 말고 독립하라고 조언한다. 양쪽 다 나의 조언에 크게 동의하는 것 같지는 않다. 특히 금전 부문에서 그렇다. 부모는 적극적으로 주고 싶어 하고, 자식은 적극적으로 받고 싶어 한다.

내가 청춘일 때 어른들이 내게 정말로 하고 싶은 공부를 선택하라고 했다면, 나는 철학이나 신학 또는 경영학이나 법학을 공부했을 것이다. 더 나아가 나에게 돈 걱정 말고 하고 싶은 것을 해보라고 했다면 나는 그림을 그렸거나 평생 글을 썼을지도 모른다. 철학·신학·그림·글쓰기는 돈을 못 번다고 제외당하고, 경영이나 법학은 남자들의 세계라고 곁눈질도 못하게 했던 환경이 돌이켜 봤을 때 가장 안타깝다.

이 세상에 나쁜 직업은 없다 (마약 판매, 사기, 절도 등 범죄가 되는 일들은 직업이 아니다. 범죄이니 감옥에 갈 일은 하지 말기 바란다.) 비루한 직업도 없다.
나의 지인 중 한 명은 목욕탕 때밀이가 첫 직업이었다. 초등학교도
제대로 마치지 못했던 그는 때를 잘 밀고, 손님들에게 정성을
기울인 덕에 그들로부터 받은 팁이 목욕탕 주인의 월수입보다 더
커졌다. 돈을 모은 그는 고물상을 하기 시작했다. 쓰레기 더미에서
고철을 찾아 모아 팔고 돈을 또 모았다. 철에 익숙해진 그는 모은
돈으로 철강 회사를 차렸다. 그 뒤에 거기에서 또 돈을 벌어 건설과
리조트 쪽으로 사업을 확장했으며, 나이 마흔을 갓 넘겼을 때
그의 재산은 수천억 원에 이르렀다. 이제 그는 모 그룹의 회장으로
불린다.

　자유는 자신만의 꿈을 만드는 토대다. 자유로운 사고를 통해
주어진 '틀'에서 벗어나기 바란다. 한 발짝 벗어나면 보이지 않았던
것들이 보이기 시작한다. 그러면 그 길이 아닌, 다른 길도 많다는
것을 알게 된다. 얼마나 많은 길을 볼 수 있는지는 결국 얼마나
자유로이 생각하느냐에 달려 있다.

30
'버킷리스트'
미루지 말고 실천하라

2015년 여름휴가 시즌이었다. 나만의 자유를 즐기고 싶었다.
그래서 휴가 기간에 하고 싶은 일들을 하며 그 시간을 보내겠다고
마음먹었다. 휴가 한 달 전부터 완전한 자유의 시간이 주어졌을 때
가장 하고 싶은 것들이 무엇인지를 자문했다. 신이 나서 적고 보니
웃음이 났다.

첫 번째로 하고 싶은 일은 팽목항에 가는 것이었다. 사무실이
광화문에 있었기 때문에 거의 매일 광화문 광장의 노란 깃발과
유가족들을 보았다. 볼 때마다 미안한 마음이 있었다. 일상에
치이다 보니 변변한 마음도 표시하지 못하고 매일 지나쳤다. 그
일이 마음에 남았던 모양이다.

두 번째는 하루 동안 단 한 마디도 하지 않고 살기였다. 잡지사 기자로 첫 사회생활을 시작했을 때, "제발 말 좀 안 하고 살았으면 좋겠다"던 선배 기자의 말이 늘 가슴에 있었다. 왜 그런 이야기를 할까 궁금했는데, 사회생활을 오래 하다 보니 정말 말 좀 안 하고 살고 싶다는 생각이 내게도 간절했다. 입도 좀 쉬어야 하지 않겠는가?

나는 휴가 첫날에 가방을 메고, 팽목항에 내려가서는 바다를 보며 실컷 울었다. 아이들에 대한 미안함과 아이들을 구하지 못한 국가에 대한 분노가 섞인 마음으로 반나절을 보냈다. 나의 얼굴과 등에 떨어지는 뙤약볕이 아이들을 살리지 못한 죄를 묻는 채찍 같았다.

그날 나는 단 한 마디도 하지 않고 입을 다물어 버림으로써 듣지 못했던 말들, 보지 못했던 세상을 보았던 것 같다. 다음 해인 2016년 여름에도 나는 휴가의 첫날을 침묵과 함께 팽목항에서 보냈다.

왜 나는 자유의 첫번째 행로를 팽목항으로 잡았을까? 세월호 참사가 정치적 이슈가 되면서, 느끼는 만큼 마음을 표현할 수가 없었다. 쏟아 내리는 눈물과 분노가 마음 안에 갇히자, 나는 깊은 우울함에 잠겨 있었던 것 같다. 아무 죄 없는 아이들이 죽고 그들이 물속으로 가라앉는 모습을 보았는데, 그대로 보고 그대로 슬퍼하고 미안해할 수가 없었다. 공식적으로 어떤 행동도 할 수 없는 처지에 대한 저항이었던 것 같다.

직장 동료들도 각자의 생각이 있었을 것이다. 그러나 일터에서 정치적 의견을 말하지 않는 것은 일종의 불문율이다. 세상이 어떻게 변해도 출근을 해야 하는 곳이 직장이고, 그곳에서는 일단 자기의 역할과 책임을 다해야 한다. 그러니 사회에서 벌어지는 많은 일들에 자신의 개인적인 생각을 드러내지 못하고 묵묵히 일할 수밖에 없다. 나 또한 헤아릴 수 없는 많은 이유로 마음 안에 묻어 두었던 감정을 자유가 주어진 첫날에 꺼내어 보고 싶었던 것은 아닐까?

나는 환경이 자유롭다고 생각할 때 하고 싶은 일들을 적어 두면서 나의 다른 모습을 보았다. 나는 사회 문제에 관심이 많고, 책 읽기와 배움의 시간을 좋아한다. 맛있는 음식 먹기를 즐기지만, 해외여행은 별로 좋아하지 않는다. 운동을 귀찮아하고, 잘 못 자는 것에 대한 불안감이 있으며, 어머니의 건강에 대한 걱정이 크다.

자유를 경험해 보고픈 사람들에게 내가 해본 게임을 권하고 싶다. 1년 중 일주일에서 열흘을 온전히 자신만을 위한 날로 정하고, 그 기간 안에 자신이 가장 하고 싶은 일을 해본다.

먼저 하고 싶은 일을 모두 써 본다. 열 개여야 한다. 이 일을 한 달 정도는 해야 한다. 한 번 쓰고 시간이 지난 후에 다시 들추어 보며 순서도 조정하고, 넣을 것들은 넣고 쓸 때보다 마음이 없어지면 과감히 뺄 필요도 있다.

이 리스트를 만든 후 반드시 실천해 보기를 바란다. 나는 팽목항에서 나 자신이 어떤 사람인가에 대해 굉장히 많은 것을 느꼈고, 나에 대한 확신을 가질 수 있었다. 청춘들도 나와 비슷한 경험을 하게 될 것이다.

"나는 무엇을 하면 좋을지 모르겠어"라는 말을 많이 들어 왔다. 그런 이들은 '자유에 관한 일주일의 버킷리스트'를 만들어 보기 바란다. 잘 몰랐던 자신을 발견하게 되고, 그후에는 진정으로 하고 싶은 일이 생기게 될 것이다.

31

나를 사랑하는 데서

변화는 시작된다

나는 사람을 소개할 때 "그는 진짜 멋져", "그녀는 진짜 예뻐"라는 말을 잘한다. 그런데 나의 소개를 받고 나온 친구들은 내가 표현했던 것처럼 상대가 멋지거나 예쁘지 않다며, "너는 사람을 다 멋있고 예쁘다고 해. 용모에 관한 한 네 말을 믿을 수 없어"라고 샐쭉한 표정을 짓는다.

내가 사람을 보는 잣대는 두 가지 점에서 남들과 좀 다르다. 하나는 사람이 저마다 다르게 생겼어도 나름대로 개성이 있다는 생각이다. 외모는 보는 사람의 관점에 따라 아주 다르게 평가된다. 우리가 보기에 사각공주인 앤젤리나 졸리는 미국 남성들에게 '비너스'라는 찬사를 받는다. 의류 브랜드 베네통에서 원하는 아시아 여성의 얼굴은 같은 동양 여성의 관점에서는 평범해 보이지만 서양인들에게는 매력적이기 짝이 없다. 나도 미국에서 한동안 지내다가 한국에 오니 한국 여자들이 얼마나 예쁘게 보였는지 모른다.

나의 또 하나의 잣대는 외양이 좋은 사람들에게 큰 매력을 느끼지 않는다는 점이다. 내 가슴을 진동시키는 사람은 외양이 멋진 사람이 아니라 어떤 일에서든 최선을 다하는 사람이다. 발레리나 강수진이 아름다운 것은 그녀의 외모나 성공한 삶 때문이 아니라 일그러지고 뒤틀어진 못난 발 때문이다. 세계를 거머쥔 발레리나의 발이 그렇게 생겼다는 것은 가슴을 찡하게 하는 감동이다.

지성이 뛰어난 사람도 참 매력적이다. 『미국의 민주주의』(Democracy in America)를 쓴 알렉시 드 토크빌(Alexis de Tocqueville)이 그렇다. 책 속으로 빨려 들어가다 못해 그를 만나러 1800년대 중반기 프랑스로 가는 공상에 빠질 만큼 멋지다. 유럽은 물론 우리나라 많은 독자로부터 존경을 받고 있는 캠브리지 대학 장하준 교수도 책 속에 묻어나는 그의 지성이 멋있다. 빌 게이츠는 세계 최고의 갑부여서가 아니라 윈도우를 개발한 열정적인 엔지니어라는 점이 아름답게 보인다.

유명한 사람들에게서 사례를 찾을 것도 없다. 긍정적인 사고로

웃음을 잃지 않으며 하는 일에 최선을 다하고 있는 내 주변의 모든 사람이 나에게 매력적이다. 무엇에든 몰두하여 일가를 이루는 사람만큼 아름다운 사람이 없는 것이다.

취업 전선에서의 경쟁은 갈수록 치열해진다. 이럴때일수록 1차원적 보편성을 쫓기보다 자신만의 무언가를 갖추는 것이 중요하다. 자신만이 할 수 있거나, 자신이면 남보다 조금 더 잘할 수 있는 것이 무엇인지 찾아야 한다. 아마도 그것은 자신이 가장 흥미를 느끼는 일이어야 할 것이다.

한 모임에서 만난 젊은 의사는 몹시 우울한 표정이었다. 그는 사는 것 자체가 재미없다고 말했다. 부모님의 말을 따라 의대에 갔고, 부모님의 말을 따라 전공 분야를 선택해서 억지로 공부를 끝내고 나니 이제 남은 평생 그 '싫은 일'을 하며 사는 것이 고통이라고 했다. 그의 눈빛에서 자신감이라곤 찾아볼 수 없었다. 성인이 되었는데도 하고 싶은 일을 못하는 원인이 부모 탓이라고 말하는 것도 듣기가 거북했다. 그 탓에 큰 키와 정돈된 이목구비가 무색할 정도로 초라해 보였다.

자신감 못지않게 중요한 것이 개성이다. 개성은 독특함이다. 괴짜가 아니라 다름이다. 조화로운 다름이다. 이 조화로운 다름을 가장 잘 만들어 낼 수 있는 것이 창의력이다. 그러므로 개성은 곧 창의력이라고도 할 수 있다. 그렇다면 창의력은 언제 발현될까?

어떤 사람은 천성적으로 창의적이어서 예술가이고, 어떤 사람은 천성적으로 그렇지 못해 공무원일까?

창의력은 몸과 마음, 정신이 자유로울 때 가장 크게 발휘된다. 환경에 구속되어 있다는 느낌이 크면 클수록 창의력은 줄어든다. 나는 가끔 함께 일하는 친구들에게 "기존의 틀에 얽매이지 말고 가장 창의적으로 생각해서 보고서를 만들어 보세요"라고 주문한다. 그들은 이 주문이 실은 가장 어렵다고 생각하면서도, 매우 신이 나서 자신만의 생각 속으로 몰입하곤 한다. 가져오는 아이디어들을 놓고 함께 박장대소할 때도 있고, "한번 그렇게 해봅시다" 하며 추진을 할 때도 있다. 확실한 사실은 어떤 결과를 만들어도 그 과정에서 그들은 창의적 생각을 할 수 있는 정신적 자유로움에 즐거움을 느끼며, 그것이 자신감으로 이어진다는 점이다.

창의력, 곧 조화로운 다름은 조직 내 어떤 선을 넘어가지 않는 범위 안에서 개인의 직장생활을 성공적으로 이끌어 주는 역할을 한다. 어떤 일이 닥쳐도 자신감과 자신만의 개성을 잃지 않아야 한다. 환경적으로 어떤 난관에 부딪혀도 이 두 가지를 잃지 않으면 자신을 지킬 수 있다.

일을 하다 보면 수많은 역경을 맞이한다. 작게는 조직 내 동료, 상사, 부하직원과의 갈등이 있을 수 있고 크게는 업무상 과오,

실책이 있을 수 있다. 외부에서 받는 도전이 너무 거세어 이것이 자신에 대한 비난과 뒤섞이면서 혼란에 빠지는 때도 있다. 그럴 때는 아침 일찍 일어나 출근하기 직전 거울을 보며 스스로에게 말하라. "난 할 수 있어. 난 자신 있어. 난 멋진 사람이야"라고 말이다.

그 기운을 가지고 사회에 나오는 당신이 내 눈엔, 아니 세상의 눈에는 가장 멋져 보인다. 실은 나도 매일 아침 출근 전에 거울을 보며 이 말을 중얼거린다. 말끝에는 거울을 보며 멋진 미소도 한 번 날린다. 특히 너무 힘겨운 날엔 이 말을 여러 번 중얼거린다.

"난 할 수 있어. 난 정말 잘 해낼 수 있어".

나는 이 책에서 동시대의 청춘들에게 꼭 필요한 말들을 전하고 싶었다. 나 역시 청춘들과 비슷한 좌절과 고통을 겪었기 때문에, 고통의 선배로서 어떤 과정을 통해 극복했는지를 풀어내고자 노력했다. 그리고 그것을 극복하기 위해 어떻게 노력하고, 어떤 깨달음을 얻었는지 전하고 싶었다. 객관적 환경의 변화보다 내 마음가짐이 더 큰 변화를 일으켰음을 알리고 싶었다.

난관을 극복하려면 그걸 극복하겠다는 마음이 있어야 한다. 극복할 수 있는 길은 비관적이고 부정적인 태도가 아니라, 긍정적인 마음 자세다. 그리고 이 자세의 원천은 바로 '사랑'이다. 우리의 인생 드라마에 역전극을 펼치게 하는 힘이 바로 '사랑하는 마음'인

것이다. 먼저 스스로를 사랑하고 이 세상을 변화시키는 힘이
내 안에 있음을 확인한다면 운명의 주인, 결코 패배하지 않는
'인빅터스'가 될 수 있다.

이 책을 몇몇 분들에 대한 감사로 맺음하고 싶다.

나는 이 책을 쓰기로 한 후 거의 2년이 넘도록 책상에 제대로 앉지 않았다. 자신이 없기도 했지만, 요즘 같은 세상에 누가 책을 읽나 하는 회의감도 있었다. 그런 탓에 이 책의 출판사 분들께 먼저 감사의 말을 전한다. 책을 읽는 사람들이 점점 줄어드는데도, 상업적 성공보다 지식 세계의 확장에 무게 중심을 두는 출판사 분들의 삶에 나는 경외감을 가지고 있다. 그들은 나에게 고군분투하는 예술인들이다. 스마트폰 속에서 정보들마저 짧게 소비되는 지금, 긴 호흡을 갖는 책을 펴내는 출판인으로 산다는 것은 쉽지 않은 일이다. 그들이 신념을 잃지 않고, 메마른 우리들의 세상에 지혜와 교양의 샘물을 계속 찾아 주는 것이 고맙다.

사랑하는 어머니께도 감사를 드리고 싶다. 언젠가 로베르토 베니니 감독의 영화 「인생은 아름다워」를 보며 어머니를 떠올렸다. 영화 속에서 주인공의 아버지는 수용소 안에서 겪게 되는 고통스러운 삶의 현실을 아들을 위해 즐거운 게임으로 바꾸어

놓는다. 그리고 전쟁이 끝날 때까지 아들이 좌절하지 않고 인생을 즐기게 한다. 그 영화에서 주인공의 아버지가 한 것처럼 어머니는 나에게 생을 긍정적으로 바라볼 수 있도록 온 힘을 다해 키워 주셨다. 녹록하지 않은 인생에서 역경이 닥칠 때마다 쓰러지고 일어서기를 반복할 수 있었던 것은 모두 어머니 덕분이다.

마지막으로 지인들에게도 감사의 인사를 전하고 싶다. 나처럼 모자람이 많고, 예민하고, 까다로운 사람의 벗으로 살아 주는 당신들께 진심으로 감사와 위로의 말을 전한다. 이분들은 나의 이야기를 들어 주고, 까탈스러운 성미를 받아 주느라 평소에 고생이 많은 분들이다. 다음 생애에서는 나보다 좋은 친구 만나 잘살 것이라 믿어 의심치 않는다.

이 책을 끝까지 읽어 준 분들께 마지막으로 힘이 되는 글 하나를 더 전하고 싶다. 넬슨 만델라 대통령에 관한 영화 「인빅터스」에 등장하는 글이다.

영화의 내용은 다음과 같다. 아파르트헤이트 종식 후, 럭비가 기득권들의 운동이라는 이유로 남아프리카 공화국의 사람들은 럭비 경기가 열리면 외국을 응원했단다. 이때 만델라 대통령은 남아프리카 공화국 사람들의 진정한 화해를 위해 럭비 팀의 활성화를 코치에게 주문하며 글을 하나 건넨다. 윌리엄 어니스트 헨리의 시 「인빅터스」를 건넸다고 생각했지만, 영화에서 넬슨

만델라 대통령은 시어도어 루스벨트 대통령의 연설문 일부를
건넨다.

떨리고 두근거리는 마음으로 인빅터스의 길을 걸으려 하는
청춘들에게 빛나는 응원이 되길 바라며, 1910년 루스벨트의 연설
일부, 「경기장의 남자(Man in the Arena)」로 이 책을 마무리한다.

> 비평가들은 중요하지 않다. 강자들이 어떻게 비틀거렸는지 혹은
> 자신의 행동을 감내하는 자들이 얼마나 더 잘할 수 있었는지를
> 지적하는 사람들은 별로 중요하지 않다.
> 영광이란 먼지와 땀 그리고 피로 얼룩진 얼굴을 한 채로
> 경기장에서 움직이는 자들의 것이다. 용감하게 싸우는 자의
> 것이다. 실수하는 자의 것이다. 고난을 겪고 또 겪는 자의 것이다.
> 왜냐하면 실수와 고난 없는 노력이란 존재하지 않기 때문이다.
> 노력이란 실제로 행동하는 자들의 것이다. 위대한 열정과 헌신을
> 아는 자, 스스로 가치 있는 이유를 위해 노력하는 사람의 것이다.
> 마침내 위대한 성취를 이룬 자, 그리고 실패한 자를 위한 것이다.
> 그가 실패했더라도, 그것은 담대한 실패다. 그리하여 그에게는
> 승리와 패배도 모르는 차갑게 식어 버린 소심한 영혼은 깃들지
> 않는다.

인빅터스

천하무적, 청춘의 승리를 위하여

지은이 | 이진

초판 1쇄 발행 2018년 4월 2일

기획·편집 | 선완규·안혜련·홍보람

펴낸이 | 선완규
펴낸곳 | 천년의상상
등록 | 2012년 2월 14일 제2012-000291호
주소 | (03983) 서울시 마포구 동교로 45길 26 101호
전화 | 02-739-9377
팩스 | 02-739-9379
E-mail | imagine1000@naver.com
블로그 | blog.naver.com/imagine1000

ISBN 979-11-85811-46-8 03320